CARLOS VELÁZQUEZ (ORG.)

PENSAR NO
MITHO

AMANDA ALINE PINHEIRO
CARLOS VELÁZQUEZ
DENISE RAMOS SOARES
JOSÉ KRISHNAMURTI COSTA FERREIRA
JULIANNA DE SOUZA

JUSCINEYLA MOREIRA BONFIM
NATHÁLIA VASCONCELOS SARAIVA
PAULA VIANA MENDES
RODRIGO DE CASTRO OLIVEIRA
VITÓRIA RÉGIA ROCHA RODRIGUES

**MOVIMENTO INVESTIGATIVO TRANSDISCIPLINAR DO HOMEM – MITHO
UNIVERSIDADE DE FORTALEZA – UNIFOR**

Conselho Editorial

Profa. Dra. Andrea Domingues
Prof. Dr. Antônio Carlos Giuliani
Prof. Dr. Antonio Cesar Galhardi
Profa. Dra. Benedita Cássia Sant'anna
Prof. Dr. Carlos Bauer
Profa. Dra. Cristianne Famer Rocha
Prof. Dr. Cristóvão Domingos de Almeida
Prof. Dr. Eraldo Leme Batista
Prof. Dr. Fábio Régio Bento
Prof. Ms. Gustavo H. C. Ferreira
Prof. Dr. Humberto Pereira da Silva
Prof. Dr. José Ricardo Caetano Costa

Profa. Dra. Ligia Vercelli
Prof. Dr. Luiz Fernando Gomes
Prof. Dr. Marco Morel
Profa. Dra. Milena Fernandes Oliveira
Prof. Dr. Narciso Laranjeira Telles da Silva
Prof. Dr. Ricardo André Ferreira Martins
Prof. Dr. Romualdo Dias
Profa. Dra. Rosemary Dore
Prof. Dr. Sérgio Nunes de Jesus
Profa. Dra. Thelma Lessa
Prof. Dr. Vantoir Roberto Brancher
Prof. Dr. Victor Hugo Veppo Burgardt

©2017 Carlos Velázquez
Direitos desta edição adquiridos pela Paco Editorial. Nenhuma parte desta obra pode ser apropriada e estocada em sistema de banco de dados ou processo similar, em qualquer forma ou meio, seja eletrônico, de fotocópia, gravação, etc., sem a permissão da editora e/ou autor.

P467

Pensar no mitho / organização Carlos Velázquez. - 1. ed. - Jundiaí [SP] : Paco, 2017.
    144 p. : il. ; 21 cm.

    Inclui bibliografia
    ISBN: 978-85-462-0927-9

    1. Mito. 2. Herói. 3. Antropologia cultural. 4. Simbolismo. I. Velázquez, Carlos.

17-43696

CDD 306
CDU 316.7

Av. Carlos Salles Block, 658
Ed. Altos do Anhangabaú, 2° Andar, Sala 21
Anhangabaú - Jundiaí-SP - 13208-100
11 4521-6315 | 2449-0740
contato@editorialpaco.com.br

Foi Feito Depósito Legal

À redenção do acorrentado *in inferus*

AGRADECIMENTOS

Aos finais de tarde das quartas-feiras. À fantasia. À vocação articulatória do símbolo. Ao prazer de intercambiar pontos de observação. Agradecemos a generosa colaboração do Prof. Dr. Victor David Salis, assim como o apoio da Universidade de Fortaleza (Unifor), por via da Diretoria de Pesquisa, Desenvolvimento e Inovação – PDPI.

Se as palavras não vêm desta vez, é porque elas preferiram o caminho das veias e das células nervosas. Se a poesia não sai, é porque ela ganhou as folhas do corpo. Hoje, apenas meus sonhos poderão ler tão especiais versos. Há um poeta maior em mim, um poeta primeiro, e um dia terei o prazer de conhecê-lo.

Sidarta Cavalcante
Psicologia Poética: Explorando os cantos da alma
Publicação do autor
Fortaleza, Ceará, Brasil.
Janeiro de 2014

SUMÁRIO

Prefácio: Mito, Olhar e Magia   9
À maneira de introdução   15

Capítulo 1
Sobre a coragem de criar   19
José Krishnamurti Costa Ferreira

Capítulo 2
Psicologia com alma: por um reencontro de psychê consigo mesma   29
Julianna de Souza

Capítulo 3
A descoberta da sinestesia   45
Amanda Aline Pinheiro

Capítulo 4
Você conhece a Mona Lisa?   49
Nathália Vasconcelos Saraiva
Vitória Régia Rocha Rodrigues

Capítulo 5
Harry Potter: A criança divina em individuação   55
Denise Ramos Soares

Capítulo 6
Florescer em crise: o herói ao chamado da aventura   69
José Krishnamurti Costa Ferreira

Capítulo 7
Conversas com o caos de si: um retorno às origens?   79
Rodrigo de Castro Oliveira

Capítulo 8
BREVE ANÁLISE DE ENTIDADES MÍTICAS, SÍMBOLOS E NARRATIVAS
DO SACRIFÍCIO   91
Paula Viana Mendes

Capítulo 9
O DESANINHADOR DE PÁSSAROS   113
Juscineyla Moreira Bonfim

Capítulo 10
MERIDA: A RUPTURA DE UM ABRAÇO CONSTRITOR   127
Carlos Velázquez

SOBRE OS AUTORES   141

PREFÁCIO: MITO, OLHAR E MAGIA

Costumamos olhar para os mitos como superstições ou mentiras, como a prova do espírito infantil, irracional e pré-lógico dos nossos ancestrais. Essas histórias cheias de fantasias e de elementos que fogem à nossa realidade concreta, como deuses, monstros, dragões, gigantes, cavalos alados, lobisomens, bruxas, fadas, caiporas, mulas sem cabeças e sacis pererês, causam estranheza ao homem contemporâneo. Apresentam elementos que não existem concretamente em nosso dia a dia, e não podemos captar com os nossos sentidos, sendo imagens que não fazem parte daquilo que chamamos de mundo racional e objetivo.

Ao longo dos milênios, a filosofia ocidental foi gradualmente restringindo a fonte do conhecimento à razão e à conquista da realidade pela experiência concreta, até que o mundo imaginário foi praticamente abolido. Surgiu com isso o homem intelectual, aquele em que predomina a lógica e a experiência.

O resultado disso foi um extraordinário desenvolvimento tecnológico, do qual muito nos orgulhamos. Este saber nos elevou acima da natureza, que passou a ser conduzida de acordo com nossos interesses e necessidades. Por meio do pensamento científico, trocamos o natural pelo artificial, até que, finalmente, conseguimos declarar nossa independência: "Deus morreu!" (Nietzsche, 1996, p. 141).

Mas que Deus é esse que matamos?

Conseguimos matar o deus Cronos (a temporalidade), ou ele ainda nos devora? Conseguimos eliminar a deusa Atená (a sabedoria intuitiva), ou ela ainda existe em alguma mente brilhante? Conseguimos matar Ares (o deus da guerra), ou é ele que ainda nos destrói em conflitos pelos quatro cantos do mundo? Conseguimos eliminar Eros (a arte de viver e amar para os antigos), ou foi ele que nos enlouqueceu até sermos trazidos de volta à sanidade por Freud? Matamos Dioniso (o deus da alegria e do entusiasmo), ou ele continua nos dando alguma alegria nas *happy hours* para aguentarmos o ritmo massacrante do dia a dia? Parece que não matamos os deuses. O que ocorreu foi que amputamos uma parte da realidade. Jung ironizava nos anos 20 do século XX: "Os deuses se transformaram nas doenças da modernidade" (Jung, 1923, p. 349).

O hábito de deixar de lado tudo aquilo que não faz parte da lógica e da racionalidade fez nossa civilização perder a habilidade de fazer metáforas e, com isso, deixamos de ver coisas que estão na nossa frente. Perdemos um tipo de percepção, um olhar considerado importantíssimo na Antiguidade para o bem viver na Terra. Esse olhar foi descrito por muitas tradições como uma "terceira visão" – que não existe fisicamente, mas que, por esse mesmo motivo, consegue "ver o invisível". O mundo que ela vê é um mundo não concreto, o mundo do imaginário.

Trata-se de um mundo vivo que interfere em nossa vida, mas é um mundo irracional, ilógico, inconsciente, aberto e infinito; é o mundo que os xamãs veem em seus estados alterados de consciência. É o mundo de onde vêm os mitos.

Diferentemente de nosso entendimento, os mitos não são frutos de uma mentalidade primitiva e fantasiosa. Os mitos têm uma estrutura complexa que une consciente e inconsciente, pensamento concreto e imaginário, e por isso permite descrever melhor a realidade humana como ela é: paradoxal.

Mas, afinal, para que servem os mitos para o homem do século XXI?

A origem dos mitos perde-se na noite dos tempos, sem que ninguém possa dizer de onde vieram. São narrativas fascinantes, porém absurdas para quem quiser neles enxergar algo palpável e "real". Não adianta neles procurar verdades científicas e quem tentar fazê-lo perderá toda a sua beleza e fascínio, além de desperdiçar seu tempo.

Mas se são absurdas fantasias, para que servem então? Para levar-nos para longe da realidade e embalar-nos em sonhos impossíveis? Mesmo assim, ficamos por eles apaixonados e maravilhados, pois falam de coisas que nos dizem respeito e parecem responder a tantas e tantas perguntas que temos sobre o mistério de existir. Parece que quando conhecemos um mito, "já sabíamos sem saber". Soa-nos tão familiar e, principalmente, toca o coração – se nosso realismo permitir e não exigir que o descartemos como bobagem ou simples mentira (afinal, mito é seu sinônimo).

Na Antiguidade, longe de se referirem a mentiras, os mitos eram considerados a linguagem que os deuses utilizavam para ensinar a nós mortais a arte de viver, amar e deles se aproximar. Eram narrativas fantásticas e ambíguas porque os deuses nunca se comunicavam de forma direta; não é muito diferente do que ocorre quando consultamos um astrólogo ou um vidente. As respostas que buscamos nunca são transparentes e diretas – elas exigem nossa intervenção e interpretação para ganharem sentido e direção. É como se adentrássemos num mundo mágico, onde se abrem as novas possibilidades e esperanças para um futuro sempre incerto, mas tão sonhado e desejado.

Façamos aqui uma pequena pausa, pois merece uma explicação a origem da palavra "magia", que deriva da mesma raiz de "mito".

Uma introdução etimológica se faz necessária, para esclarecer as significações das palavras "magia" e "mito". Estas raízes nos revelam preciosidades tão grandes quanto às descobertas arqueológicas, porque as línguas antigas têm uma estrutura semântica hoje perdida. Um único radical derivava uma família de palavras extremamente próximas entre si, indicando a ação com total precisão, o que não se aplica mais aos idiomas da atualidade.

As nossas línguas, chamadas discursivas lineares, têm um discurso extremamente encadeado, sacrificando a configuração do símbolo. Isto nos obriga a somar as partes para podermos construir uma ideia, e com isso parece-nos que a nossa linguagem é mais precisa. Diz-se que as línguas primitivas eram mais ideogramáticas, porque reuniam numa palavra uma estrutura simbólica complexa, de modo que elas eram mais primárias.

Na verdade, forneciam um poder de memorizar extraordinário. Pois, ao conhecermos uma raiz, nos tornávamos capazes de derivar inúmeras palavras aplicando as regras de formação dos derivados. É muito mais lógico do que a "decoreba" que somos obrigados a exercer para aprender uma língua e isso nos ajuda a compreender a origem e o sentido real das palavras, perdidas no tempo.

Dito tudo isto, voltemos ao significado e função de "magia". Até onde podemos retornar, remonta à raiz sânscrita *mous*, de onde também surgiu a palavra "mantra". Das línguas mortas, o sânscrito é a mais fácil de rastrear. O antigo sumério, o acadiano e mesmo o egípcio arcaico acumularam estruturas e palavras-chave fundamentais; o grego arcaico, em grande parte, também tem ligações com essas línguas antigas.

A raiz *mous* decorre de um som primordial e em volta dela está uma família de palavras importantíssima. Essa raiz indica um comportamento e uma ação, um ato cuja expressão é até hoje utilizada para o ato de calar-se. Ou seja, colocar a mão na sua própria boca, fazendo o som "mm". Este ato, para os antigos, era a primeira atitude para receber a divindade. O "m" é um som primordial, cósmico, indicando a arte de calar-se.

A raiz *mithos* também daí derivou-se. Os mitos nasceram dessa arte de calar-se para ouvir os deuses; é preciso aprender a calar-se e isso é uma arte. De *mithos* derivou *meyin*, que significa calarmos as "vozes mentais e emocionais" (traduzimos como a linguagem do desejo). Enquanto não se consegue calar essas vozes, o *meyin* não se manifesta. É uma relação única do homem com o Cosmos que permite o nascimento dos mitos; esta, para os antigos, era a linguagem universal: as verdades universais, por excelência.

Da raiz *meyin* se originou *mayêutica*, que em grego significa "encantamento". Daqui também derivou *magos* e "magia". Também é sinônimo de fermentação, porque a arte do encantamento é a mágica arte do nascimento da vida interior, que cresce lentamente com grandes esforços e rituais. Bem, pelo menos agora sabemos o real significado e função de "magia"; nada a ver com o que foi vulgarizado na modernidade.

Finalmente, vale notar que Sócrates utilizou a palavra *mayêutica* (quer dizer aplicar a magia) como sua forma de ensinar, associada à teoria da reminiscência. Ele dizia que não tinha nada a ensinar aos alunos, mas podia ajudá-los a recordar o que "já sabiam", referindo-se ao que tinham aprendido em suas existências passadas. Na verdade, Sócrates considerava que os talentos de cada um nada mais eram do que a síntese do que já tinham aprendido em outras existências e apenas caberia ao mestre ajudar seu discípulo a "desembrulhá-los".

Voltando ao significado e função dos mitos na atualidade, não é demais insistir que eles não podem – e nunca quiseram – competir com a ciência e a razão. Eles nos abrem as portas para uma outra realidade: o mistério de viver, com seus dramas individuais e coletivos, suas angústias, medos, alegrias e anseios. Alguém se atreve a explicar sua própria existência de modo científico, racional e previsível?

Eis a beleza dos mitos que tanto nos fascina e apaixona: eles não preveem, mas abrem portas e possibilidades para a nossa vida através do imaginário. Por isso são fantásticos e ambíguos; exigem nossa participação e tomada de posição; enfim, cobram-nos a coragem de viver e não simplesmente vegetar. Assim, cada um tem o desafio de recriar um mito – qualquer mito – para a sua própria vida de acordo com sua visão e compreensão.

Os mitos refletiam e expunham as leis imutáveis da vida e da natureza e na Grécia antiga eram contados por sábios conhecidos como Poetas (*Aedos*), que em grego quer dizer Criador. Sua obra, a poesia, significa Criação, porque para aquela e para tantas outras civilizações tradicionais espalhadas pelo mundo, se o homem criasse por sua própria decisão algo que entrasse em conflito com os princípios da natureza, acabaria ferindo, no final das contas, a ele mesmo. Por exemplo: se o homem poluir o ar, ele mesmo respirará o ar poluído. Se o homem destruir a natureza, ele próprio será destruído, pois essa faz parte de suas entranhas e de sua psique. Por outro lado, se aquilo que o homem criasse estivesse em harmonia com o meio ambiente, essa obra teria longa duração e consolidaria o ambiente no lugar de destruí-lo.

Prof. Dr. Viktor D. Salis
Professor Colaborador da Unifesp

Referências

NIETZSCHE, F. W. **A Gaia Ciência**. Lisboa: Guimarães, 1996.

JUNG, G. C. **Psychological Types**. New York: Harcourt Brace, 1923.

À MANEIRA DE INTRODUÇÃO

A modernidade impôs ao pensamento ocidental uma primazia de atenção em processos produtivos direcionados ao acúmulo de rendimentos em valores abstratos. Esta nova estrutura socioeconômica gradativamente obriga as sociedades modernas a especializar sua visão de mundo na estreiteza de epistemologias científicas, a despeito de faculdades cognitivas irracionais que também integram a condição humana. Talvez devido à angústia dessa incompletude, brotam na sociedade contemporânea inúmeros indícios de retomada de uma forma de pensar e conhecer mais ampla e orgânica, uma forma que cientistas de áreas diferentes, mas dispostos a conversar entre si, têm denominado "pensamento mítico".

A partir de trabalhos de Wundt, Spencer e Tylor, Sigmund Freud chegou a ponderar que a mitologia é um sistema intelectual que não se restringe a explicar um ou outro fenômeno; mas que, a partir de uma determinada perspectiva, procura conceber o mundo como um vasto conjunto:

> Segundo estes autores, a humanidade teria, no curso do tempo, conhecido sucessivamente três de esses sistemas intelectuais, três grandes concepções de mundo: a concepção animista [mitológica], a concepção religiosa e a concepção científica. De todos esses sistemas, o animismo é talvez o mais lógico e mais completo, é o que explica a essência do mundo sem nada deixar obscuro. (1996, p. 120)

Freud hesitava quanto a seu posicionamento perante as estranhas existências que a antropologia e a etnologia faziam desfilar defronte a olhares ocidentais. Homens como os descritos por Lévy-Bruhl (1938), que antes de qualquer atitude reflexiva procuravam integrar-se ao meio que os circundava, representavam uma afronta direta ao racionalismo positivista que, por sua vez, circundava e coagia as investigações freudianas. No entanto, na história ocidental, foi inegavelmente a instrumentação psicanalítica a que, com maior influência, possibilitou a outros investigadores aventurar-se para além do limiar de recalque da moral ocidental. A psicanálise de Freud permitiu revelar a humanidade que se espremia por debaixo da máscara racionalista da modernidade. E, como em toda saga heroica, esse descenso ao desconhecido, o *descensus ad inferus*, desencadeou uma série de provas e desafios aos poucos enfrentados pelos esforços de Eliade, Francastel, Jung, Kerényi, Lévi-Strauss, Campbell, Durand, Salis, enfim, a humanidade como um único e grande herói que por suas faces mais polidas procura desvencilhar-se das limitações que ela própria se impôs.

Nesta perspectiva, a obra de Carl Gustav Jung tem alcançado forte influência e paulatinamente conquistado o lugar de paradigma em pesquisa qualitativa (Penna, 2004). Mas isto não significa que as propostas que aqui apresentamos ou as que nos servem de referência circunscrevem-se no campo exclusivo da psicologia analítica, ou sequer da psicologia. Embora possa ter lugar nos interesses do grupo, o Movimento Investigativo Transdisciplinar do Homem – MITHO não tem a clínica por objeto, mas a condição humana. A exemplo da obra junguiana, o MITHO zela pela prerrogativa do confronto multidisciplinar. É integrado por estudantes e profissionais de diversas áreas e abordagens que, como aludi anteriormente, reúnem-se motivados pela disposição de conversar entre si. Longe de ameaçar autenticidades epistêmicas, dado que ninguém se pretende especialista na área de outrem, esses encontros enriquecem as respectivas posições. Entendemos cada epistemologia como um ponto de observação que privilegia uma determinada perspectiva, mas que não pode, e não deve, desconsiderar outras perspectivas que o mesmo objeto descortina a outros observadores, sob pena de pretender total a parcialidade de sua visão particular.

Neste sentido, qualquer tese do MITHO abandona por princípio a pretensão de exaustividade. Enquanto pesquisadores, reconhecemos a natureza subjetiva de nossas motivações e apreciações, e é justamente por isso que a ação central de nosso procedimento consiste no embate pluri-perspectivo. O ludus, a dinamicidade interambital que circunda o objeto obriga-nos a afastar os limites da subjetividade sem, portanto, perder o envolvimento passional. Mas como isto é possível a partir dos sistemas sígnicos que cada episteme construiu à sua volta como interface, e que se fortaleceram ao ponto de se tornarem trincheiras? Em nossa prática, isto é possível dado o mútuo consentimento em devolver aos signos sua capacidade simbólica. Essa capacidade que tanto admiramos e que, portanto, nos congrega à volta da fantasia que ergue o mito como verdade funda. "Mas o símbolo é uma convenção", objetar-se-ia; no entanto, imaginemos: uma convenção entre posições entrincheiradas não é um projeto plausível ou, na melhor das hipóteses, poderia resultar em um acordo explosivo, por demais suscetível. O símbolo não é um lugar sobre o qual converge um acordo entre facções predispostas a, sob qualquer vontade, retirar *indemnes* seus respectivos contributos. No símbolo há, sim, uma convenção, uma convergência: converge o objeto a ser conhecido e a disposição dos sujeitos que querem conhecê-lo. Não é mais signo que observa, aponta e discorre; mas signo que acode e procura integrar-se, revolcar-se até o contágio nas qualidades em que o objeto o abraça. O símbolo é um lugar tão estranho ao determinismo moderno quanto os relatos de Lévy-Bruhl (1938) sobre homens que, antes de qualquer atitude reflexiva, procuram adaptar-se. E o paradoxo está na possibilidade de refletir em atitude adaptativa: determinar o objeto é impor-lhe a natureza; moldar-se a ele implica desvendar-lhe o íntimo, recebê-lo segregado em sua natureza inefável, pois, por ser qualitativo, é proeminentemente experiencial.

Pense num gole de café. Dizer que tem gosto de café não transmite nada. Ninguém conhece a bebida porque escutou seu nome. Para conhecê-la, é mister fundir o nome com sua degustação. Como disse anteriormente, a contemporaneidade privilegia os nomes em abstrato e isso provoca um vácuo que nos angustia. Sabemos que a existência é mais que goles de café, é dizer, é mais que o fisiologicamente experiencial, mas isto não impõe limitações à articulação simbólica; ao contrário, estende-a em fantasia até as regiões profundas das qualidades supra-humanas, qualidades cósmicas, universais. Os domínios dos fantasmas originais freudianos, as ideias platônicas ou os arquétipos junguianos. Os leitos do rio Mnemósine, do qual bebem os mitos. Contra a angústia de não saber, ou de saber só em abstrato, está a angústia de enfrentar o desconhecido. A primeira encarcera em refúgio esquizoide; a segunda esquarteja, dilacera o eu heroico sob promessa de renovação. Escolhemos a segunda. Seguem-se, pois, as incursões de nossa saga. Abraços dilacerantes que estreitamos por paixão. Seguem-se as reflexões de um olhar sob contágio, sempre sob confronto com as sintomáticas de outros contagiados. Eis as resultantes de Pensar no MITHO.

Prof. PhD. Carlos Velázquez

Referências

FREUD, S. **Totem et tabou**. Saint Amand, France: Payot, 1996.

LÉVY-BRUHL, L. **L ' expérience mystique et les symboles**. Ed. électronique. Paris: Félix Alcan, 1938.

MARONI, A. Psicanálise e ciências sociais: tecendo novos caminhos de pesquisa. **Jornal de Psicanálise**, v. 39, n. 71, p. 231-246, São Paulo, 2006.

PENNA, E. M. D. O paradigma junguiano no contexto da metodologia qualitativa de pesquisa. **Psicologia USP**, v. 16, n. C, p. 71-94, São Paulo, 2004.

Capítulo 1
SOBRE A CORAGEM DE CRIAR[1]

José Krishnamurti Costa Ferreira

Gostaria de começar este texto trazendo uma problemática levantada por Campbell (2008) em uma de suas palestras e que foi transcrita no primeiro capítulo do livro *Mito e Transformação*, organizado por David Kudler. Nesta ocasião, Campbell conta como foi perturbador para ele testemunhar a viagem à lua da *Apollo 10*. Nesta viagem, anterior à alunissagem propriamente dita, três homens voaram ao redor da lua na época do Natal. Conversavam sobre como a lua era árida e desolada e, para comemorar a data festiva, começaram a ler o primeiro capítulo do Livro do Gênesis. Naquelas palavras antigas, o cosmos era explicitamente diferente daquele que eles atravessavam. Não parecia um bolo achatado de três camadas, criado em sete dias. O texto do Gênesis falava da separação das águas acima e abaixo do firmamento no mesmo momento em que eles apontavam quão árida a lua parecia. Diante disso, Campbell comenta: "a enorme lacuna entre a tradição religiosa e a situação física concreta mexeu muito comigo naquela noite" (Campbell, 2008, p. 35). Seu questionamento representa a necessidade humana de possuir um modelo explicativo tão forte quanto são esses das grandes religiões e que, ao mesmo tempo, faça sentido diante de um universo verdadeiro experienciado. A este tipo de discurso que é válido para uma cultura tanto do ponto de vista racional ou consciente como do ponto de vista místico ou inconsciente chamamos de mitologia viva. Contudo, os diversos processos de racionalização pelos quais passamos, principalmente no chamado lado ocidental do planeta, levaram-nos progressivamente a subs-

---

1. Trabalho realizado sob orientação do Prof. PhD. Carlos Velázquez, coordenador do Movimento Investigativo Transdisciplinar do Homem – MITHO, Universidade de Fortaleza (Unifor).

tituir as explicações mitológicas pelas explicações lógicas e científicas. Com o interesse de pensar o papel do mito para o psiquismo do indivíduo e seu desenvolvimento, nos propusemos a investigar o processo de individuação, nome dado por Carl Gustav Jung a um modelo específico de desenvolvimento psíquico, às características do discurso mitológico e ao processo de criatividade, de forma a poder fundamentar o pensamento mitológico como catalizador do desenvolvimento humano do ponto de vista psicológico, bem como aproximar o processo de individuação do processo criativo a fim de melhor entender a subjetividade que enfrenta esse processo.

Mitologia

Os mitos não são apenas histórias. Muitas vezes entendida como ficção e confundida com outras histórias, tais como fábulas ou alegorias, a história mítica representa muito mais do que apenas um discurso ou imagem fantástica. Através dos mitos, diversos homens e culturas suportaram e descobriram a vida. Para Joseph Campbell, grande estudioso no campo da mitologia comparada, um mito não é apenas uma história sobre criaturas fantásticas e feitos heroicos, um mito é uma janela para o transcendente. Segundo ele, os símbolos de uma mitologia "são produções espontâneas da psique e cada um deles traz em si, intacto, o poder criador de sua fonte" (Campbell, 2007, p. 16). A ideia do transcendente aqui é bastante cara e é através dela que faremos algumas conexões com outros temas abordados.

De acordo com o dicionário Aurélio (Ferreira, 1999), transcender significa, entre outras coisas, ultrapassar, ser superior a, passar além de. Desta forma, o substantivo "transcendente" geralmente se refere à coisa ou estado que se distingue por uma qualidade elevada, superior ou posterior em uma escala de desenvolvimento ou valor. Muitas vezes, tem-se o transcendente ou transcendental como referente ao mundo espiritual ou fantasmagórico. Quando Campbell fala do transcendente, contudo, melhor o entenderíamos se o pensássemos como um estágio anterior, e não posterior. Em sua defesa,

Campbell diz que "a primeira função de uma mitologia viva é conciliar a consciência com as precondições de sua própria existência" (Campbell, 2008, p. 31). A vida, tal como a entendemos, portanto, surge como desenvolvimento de uma vida natural que, do ponto de vista de nossa consciência, nos é anterior. Por algum motivo, em algum momento de nossa história, nos desconectamos deste fluxo natural e criamos um mundo à parte. Através dos símbolos míticos, abrimos uma janela para nos conectar com essa natureza da vida, para nos conciliar com essas precondições. O que nos transcende é, desta perspectiva, aquilo que deixamos pra trás.

O processo de conexão através do símbolo se dá de uma forma tanto consciente como inconsciente, levando em consideração, como já foi dito, que um símbolo possui em si o poder criador de sua fonte, podendo assim se conectar, tanto por suas representações semânticas, como por suas representações existenciais. Para esclarecer esse ponto, partiremos de uma pergunta básica no estudo da mitologia comparada. Depois de entrar em contato com inúmeros discursos de diversas épocas e regiões, os estudiosos se depararam com um dado intrigante. Em suas histórias, povos de todo o mundo por vezes repetiam temas e elementos particulares. Algumas vezes esses elementos eram concretos e podiam aparecer nas diversas histórias simplesmente pelo fato de que todos os homens sempre tiveram contato com eles, como o sol, a noite, as águas, etc. Assim, entendia-se que o elemento comum a todos os homens era o mundo em que viviam. Mas quando os elementos repetidos eram abstratos, como processos, percepções e experiências, como explicar que culturas isoladas geograficamente tenham mitologias com temas tão semelhantes? Não se trata mais, portanto, de uma referência a um mesmo objeto da experiência, mas sim a um mesmo sujeito. A hipótese que surge, então, é a de que os símbolos comuns nas diversas culturas deflagram, entre outras coisas, o próprio homem. O que há em comum entre os homens que vivem e viveram na terra não é apenas a terra em que vivem, mas sua própria humanidade.

No campo da psicologia, sempre nos deparamos com essa ideia. Um grande avanço foi, contudo, as fundamentações de Carl Jung a respeito do inconsciente coletivo. Ao explicar este conceito, Jung declara que o inconsciente pessoal não se opõe, mas se complementa ao inconsciente coletivo no todo psíquico.

> Além desses conteúdos pessoais inconscientes, existem outros que não provêm de aquisições pessoais, mas da possibilidade herdada do funcionamento psíquico, quer dizer, da estrutura cerebral herdada. São as conexões míticas, os motivos e imagens que, a todo momento, podem reaparecer sem tradição histórica nem prévia migração. A esses conteúdos chamo o *inconsciente coletivo*. (Jung, 1987, p. 524)

O processo de individuação

O processo de individuação, tal como Carl Gustav Jung o postula, talvez seja o conceito mais difícil, dentre os aqui apresentados, de se resumir em poucos parágrafos, até mesmo porque se conecta a diversas outras partes de suas teorias sobre o psiquismo, o que torna difícil encerrá-lo por uma discussão isolada. Começaremos, então, pelo glossário que Jung (1987) colocou no final de seu livro *Tipos Psicológicos*. Segundo as palavras do autor, a individuação é o processo de constituição e particularização da essência individual, especialmente no que diz respeito ao desenvolvimento psicológico, como uma essência diferenciada do todo, da psicologia coletiva. Importante ressaltar que o processo de individuação não leva a um isolamento do indivíduo, mas a uma consciência coletiva mais intensa. A diferença entre o conceito de indivíduo e individualidade pode ser esclarecedora. Enquanto o indivíduo é o ser singular, por individual entende-se tudo aquilo que não é coletivo, e por coletivo fala-se dos conteúdos psíquicos que não são apenas de um, mas de um grupo de indivíduos. Os conteúdos psíquicos coletivos não são apenas conceitos ou concepções, mas também sensações e emoções, sendo, muitas vezes, as sensações e emoções coletivas formadoras de bases para, nos homens mais cultos, a construção de conceitos coletivos, como o conceito de Deus ou Pátria, por exemplo. Jung (1987) diz que dificilmente atribuímos individualidade a um elemento psicológico, mas certamente é individual a organização particular desses elementos, sendo assim construída a ideia de indivíduo psicológico ou individualidade psicológica. Contudo, para que o indivíduo psicológico possa existir, é necessário que ele se perceba distinto de seus objetos. Dessa forma, ao longo do desenvolvimento natural do indivíduo, a individualidade psicológica existe, num primeiro momento, inconscientemente e em potência, pois ainda não se desligou da identidade que possui com os conteúdos e objetos coletivos e vai, progressivamente, entrando em contato e se diferenciando destes conteúdos, a fim de tornar consciente sua individualidade. A esse processo damos o nome de individuação.

Ademais, no que diz respeito à manifestação do processo de individuação, o encontro e a construção da consciência individual ocorrem, em grande parte, através de símbolos. Por símbolo entende-se qualquer expressão ou concepção que encerre em si um fato ainda ignorado, um evento místico ou transcendente incompreensível, quer dizer, um fato iminentemente psicológico. Para Jung (1987), um símbolo não é de natureza racional nem irracional, tendo, tanto aspectos acessíveis à consciência, como dados apenas pressentidos. É essa natureza dual do símbolo que faz com que ele seja representação manifesta da individuação, na medida em que, através do símbolo, o indivíduo consciente se depara com uma parcela ainda não conhecida de seu psiquismo. Este símbolo, que, para uma consciência específica, apresenta-lhe uma determinada inconsciência, chamamos um símbolo vivo. A ideia da transcendência repete-se aqui a partir de mais uma visão singular. Para Jung, o aspecto transcendente não se refere a uma qualidade metafísica, mas tão somente ao fato de que através do símbolo vivo o indivíduo pode estabelecer um fluxo entre os conteúdos conscientes e os conteúdos inconscientes.

Neste ponto, partindo do entendimento de que os processos transcendentes ativados pelos símbolos criam conexões e fluxos entre as polaridades psíquicas, já podemos aproximar as referências a respeito do valor do símbolo e sua função, bem como a necessidade psíquica da transcendência do ponto de vista do desenvolvimento humano.

A coragem de criar

A coragem de criar é tema que intitula um livro de Rollo May, psicólogo existencialista nascido em 1909, em Ohio, Estados Unidos. Neste texto, May apresenta seus pensamentos acerca da coragem e da criatividade, argumentando que o processo criativo necessita incontornavelmente de uma postura de coragem para que aconteça genuinamente. Nos próximos parágrafos, iremos nos deter, portanto, na intenção de resgatar os significados propostos pelo autor aos vocábulos "coragem" e "criatividade", bem como resumir a tese proposta no referido livro.

O primeiro capítulo do livro também se intitula "A coragem de criar", e nele todo o texto é direcionado. Segundo May (1982, p. 9), a época em que ele próprio vive é uma época de mudança. Para sua percepção, o mundo aparece tomado por mudanças radicais, no campo da educação, religião, tecnologia e sexualidade, entre diversos outros aspectos que trazem perspectivas inteiramente novas e que o colocam, juntamente com grande parte da humanidade, em um limbo. Na edição em inglês está escrito *"To live with sensitivity in this age of limbo indeed requires courage"* (May, 1980, p. 4). A palavra "limbo", ainda que se refira à igreja católica e sua doutrina, pode ser entendida também como um lugar entre lugares ou estado intermediário de ser. Para Rollo May, viver com sensibilidade em uma época de limbo requer coragem.

> Somos chamados a realizar algo novo, a enfrentar a terra de ninguém, a penetrar na floresta onde não há trilhas feitas pelo homem, e da qual ninguém jamais voltou que possa nos servir de guia. Os existencialistas chamam a isso angústia do nada. Viver no futuro significa um salto para o desconhecido, e isso exige coragem, uma coragem sem precedentes imediatos e compreendida por poucos. (May, 1982, p. 9)

Diante desta citação, é conveniente lembrar uma história arthuriana de um romance intitulado *A busca do Santo Graal*, de um sacerdote anônimo do século XIII, trazida por Campbell (2008), em uma de suas palestras.

A história conta que, certa vez, os cavaleiros estavam reunidos em volta da távola redonda do rei Arthur quando, antes de iniciarem uma refeição, presenciaram o aparecimento do Santo Graal, coberto por um tecido bonito e brilhante, desaparecendo logo em seguida. Os cavaleiros ficaram arrebatados e deslumbrados. Logo em seguida, Gawain, sobrinho de Arthur, levantou-se e propôs que todos os cavaleiros saíssem em busca do Graal para contemplá-lo descoberto e desvelado, e assim foi feito. Os cavaleiros, contudo, acharam que seria uma desgraça partir em grupo. Dessa forma, cada um entrou na Floresta Aventurosa em um ponto escolhido, onde era mais escuro e não havia caminho nem trilha.

Essa história da mitologia inglesa retrata bem algumas intercessões aqui trabalhadas, tais como o estabelecimento do contato entre o conhecido, o desconhecido e o valor do símbolo nesta conexão. Se entendermos que a investigação de May centra-se na experiência do indivíduo que vivencia essa conexão, ou como ele cita, essa angústia do nada, podemos buscar em seus estudos mais informações sobre a disposição subjetiva frente ao estabelecimento do fluxo entre o consciente e o inconsciente.

A coragem, tal como entende Rollo May, não será vista aqui como o contrário do desespero, mas como a capacidade de seguir em frente mesmo diante do sofrimento e do desespero. Em geral, tende-se a entender a coragem como uma virtude ou um valor. Esta não será nossa perspectiva. Por coragem também significamos uma base de sustentação das virtudes e valores. Segundo May (1982, p. 11), sem a coragem, por exemplo, o amor empalidece e se transforma em dependência e a fidelidade é apenas conformismo. A coragem movimenta o homem social, moral, emocional e fisicamente. Não é teimosia, nem tampouco temeridade. Em suma, a coragem é uma força que direciona o ser em um caminho desconhecido e diante do qual, sem ela, não se caminharia. Sendo a vida inédita, toda coragem encerra em si um paradoxo. Nas palavras de Rollo May, "não se pode assegurar que a coragem leva necessariamente a um crescimento, e poder se comprometer mesmo diante da dúvida é o que caracteriza a verdadeira coragem" (1982, p. 18).

A criatividade, por sua vez, é trabalhada pelo autor a partir do contraste entre criatividade autêntica e a criatividade como estetismo superficial. Para adiantarmos o debate, tem-se nesta última criatividade uma preocupação com a imagem e com os elementos decorativos, enquanto que, na primeira criatividade, busca-se a expressão do ser. Segundo a definição de May, os artistas autênticos são aqueles que alargam as fronteiras da consciência humana. "Sua criatividade é a manifestação básica de um homem realizando seu eu no mundo" (May, 1982, p. 38).

Chegamos, então, à coragem de criar que, pensada do ponto de vista do desenvolvimento psicológico, diz respeito ao movimento de sustentação e enfrentamento diante das incertezas inconscientes e, ao mesmo tempo, de acolhimento dos novos elementos em vista de uma reorganização psíquica. Para May (1982), a coragem criativa é a descoberta de novas formas, novos símbolos e novos padrões segundo os quais um novo homem e uma nova sociedade podem ser construídos.

Considerações finais

A partir das interlocuções teóricas, percebemos a importância de uma mitologia viva. Em uma mitologia viva, naturalmente permeada por símbolos vivos, tem-se claramente um potencial latente de mobilização inconsciente num grupo de indivíduos, o que facilitaria o processo de desenvolvimento e amadurecimento dos indivíduos psicológicos deste grupo. Em outras palavras, uma mitologia viva age em prol do processo de individuação, na medida em que representa para um grupo de indivíduos uma ponte para o alargamento de suas consciências e seu autoconhecimento.

Podemos também vislumbrar com mais propriedade, diante das discussões feitas, o processo de vivência de um símbolo, na medida em que esse posiciona o indivíduo frente a um desconhecido, a um inconsciente. Este inconsciente não aparece concretamente, é claro, mas é percebido tal como a Floresta Aventurosa em seu ponto mais inédito e escuro. A experiência de um símbolo vivo requer coragem. A coragem que sustenta o indivíduo frente a um símbolo, quer seja dos mistérios do mundo, quer seja dos mistérios de si, prepara este indivíduo para um processo criativo autêntico, donde surgirá uma experiência constante de autorrealização da própria humanidade.

Referências

CAMPBELL, Joseph. **Mito e Transformação**. São Paulo: Ágora, 2008.

_____. **O herói de mil faces**. São Paulo: Pensamento, 2007.

FERREIRA, Aurélio Buarque de Holanda. **Aurélio século XXI**. 3. ed. Rio de Janeiro: Nova Fronteira, 1999.

JUNG, Carl Gustav. **Tipos psicológicos**. Rio de Janeiro: Guanabara, 1987.

MAY, Rollo. **A coragem de criar**. Rio de Janeiro: Nova Fronteira, 1982.

_____. **The courage to create**. New York: Bantam Books, 1980.

Capítulo 2
PSICOLOGIA COM ALMA: POR UM REENCONTRO DE PSYCHÊ CONSIGO MESMA[1]

Julianna de Souza

Introdução

O presente capítulo parte de um incômodo pessoal, relacionado ao espaço (ou à falta dele), dentro da Psicologia, reservado ao estudo da alma, o seu propósito original (do grego *psyché*, "alma" e *logos*, "estudo"). É notável que este conteúdo se encontra cada vez mais sufocado pela supremacia do saber científico, vigente na universidade e no campo de atuação profissional. Sendo assim, nosso propósito é discutir o potencial do processo psicoterápico focado em auxiliar o paciente a reintegrar-se no todo, retomando a proposta original da Psicologia de voltar o olhar para a alma.

Ao se falar em alma, no contemporâneo, é comum que esse termo seja vinculado a crenças religiosas ou a aspectos místicos, quando, na verdade, ele se refere, em uma palavra, à integralidade: essa que se encontra cada vez mais despedaçada. Faremos um movimento de garimpar pedaços de alma, no rumo da reintegração da totalidade, acreditando que só desta maneira ascenderemos ao sentido da vida. Desta sorte, é um desafio obter respaldo científico para tratar dessa questão, sem aniquilá-la, dentro de um saber que, desde sua concepção, luta para se fazer valer como ciência. Diante disso, para devotar-nos a essa questão e validarmos nossos estudos, bebemos da fonte de alguns estudiosos consagrados nas perspectivas da filosofia ou da psicologia com foco no ser humano, tais

---
1. Trabalho realizado sob orientação do Prof. PhD. Carlos Velázquez, coordenador do Movimento Investigativo Transdisciplinar do Homem – MITHO, Universidade de Fortaleza (Unifor).

como Alexander Baumgartem, Albert Einstein, Carl Jung e James Hillman, dentre outros autores de igual respaldo.

Abordaremos desde o mito de Eros e Psique, perpassando a postura da psicologia e da ciência em relação à alma, a divisão das epistemologias e a desintegração do conhecimento na universidade, bem como a soberania do fazer científico em detrimento de outras formas de aquisição de conhecimento, até a situação emergente do ser humano na busca do sentido da vida, em direção à integração do todo.

A pesquisa surge direcionada no sentido de fortalecer a Psicologia e auxiliar na integração dos opostos, é a busca do reencontro de psique, ou da alma, com ela mesma, dentro do saber da psicologia. A totalidade do Ser é um fato a se considerar e, como coisa real, precisa de espaço e atenção para atingir seu propósito de voltar a ser um só.

Metodologia

A produção deste projeto foi realizada através da pesquisa qualitativa de paradigma junguiano. Baseada no propósito de integração, agregando os resultados de vários estudos sobre a questão em uma revisão sistemática de literatura, bem como indícios documentais e experienciais, a pesquisa foi assumindo forma através das artes da meta-análise.

A teoria junguiana é marcada, dentre outros aspectos, pela interdisciplinaridade, pelo caráter dialético e pela noção de totalidade, uma abertura que permite o diálogo entre esse saber e outras gnoses, possibilitando ser aplicada em outras áreas de conhecimento; para isso, viu-se necessário elaborar uma metodologia própria de tal paradigma.

O método de investigação da psique proposto por C. G. Jung compreende características do pensamento dialético, fenomenológico, hermenêutico, associativo, analógico e imagético. As premissas da Psicologia Analítica são condizentes com a noção atual de paradigma e com a metodologia qualitativa de pesquisa em muitos aspectos. (Penna, 2003, p. 78)

Segundo Penna (2004), para Jung, a subjetividade do pesquisador não pode ser excluída da sua pesquisa, pois, ao passo que ele tem contato direto com a produção da sua pesquisa e é modificado por esta, à medida que toma contato com outras formas de raciocínio e conhecimento advindos de outras subjetividades para dar base às suas ideias, ele vai sendo modificado por ela, conforme suas novas configurações de raciocínio; portanto, não é possível realizar uma investigação científica focando a noção objetiva e anulando a subjetividade da psique. "Nesse sentido, a metodologia junguiana propõe um método de investigação dos fenômenos que inclui, tanto uma perspectiva subjetiva, quanto objetiva da realidade psíquica, e permite que sejam conduzidas pesquisas no nível pessoal e no nível coletivo" (Penna, 2004, p. 86).

O reencontro consigo

Nos tempos que antecederam os nossos, os homens, organizados nas mais diversas culturas e civilizações, mantinham alguns indivíduos responsáveis por curar os males do corpo e da alma dos outros e manter o grupo saudável. Estas pessoas possuíam conhecimentos sobre o corpo físico humano, a natureza, seus campos energéticos e tudo o mais que perpassa a existência de um ser humano. Dados seus conhecimentos multidisciplinares, essas pessoas eram chamadas de mestres, em algumas culturas, ou xamãs, druidas e magos em outras, possuíam olhares, de diferentes ângulos, a propósito do homem, o que lhes permitia solucionar, de maneira integral e não apenas somática, as questões de desequilíbrio que se apresentavam. Esses mestres utilizavam-se de uma ciência primitiva, tida por magia em algumas culturas, como na egípcia (Jacq, 2001); por xamanismo em culturas indígenas; druidismo, nas civilizações celtas ou bruxaria, nas sociedades ocidentais.

Nos estudos antropológicos de Lévy-Brühl (1938), ele comparou a mentalidade primitiva e a mentalidade europeia. Segundo ele, a mentalidade primitiva exploraria dois lados de uma mesma questão: o místico e o pré-lógico. Isso quer dizer que os povos primitivos se movem em uma realidade mística, onde todas as coisas possuem poderes ocultos, ao mesmo tempo em que possuem um duplo caráter, pois as suas representações coletivas podem ser simultaneamente elas próprias e coisas diferentes delas. Isso levou Brühl a explicar a concepção de causalidade mística e imediata que caracteriza tal mentalidade, dita primitiva.

Através desses estudos, ele pôde constatar que o fator emocional que envolve as representações pode ser observado em sociedades de culturas diversas, não sendo exclusividade das mentalidades "primitivas", assim, o autor conclui que a natureza do pensamento "primitivo" atua também no mundo moderno, ao lado do pensamento "cientificista"; bem como o fato de que a estrutura lógica do espírito é a mesma em todas as sociedades, trazendo como diferença entre as duas mentalidades a indiferença da mentalidade primitiva em relação às incompatibilidades e contradições.

Na psicologia de Jung, o animus e a anima são forças mentais que, entre outras atividades, formam laços entre o inconsciente coletivo [...] e o inconsciente pessoal. [...] Na terminologia de Jung, eles são tipos especiais de arquétipos".[2]

Ao se apropriar do conceito junguiano de *anima*, Hillman a definiu como uma perspectiva, ao contrário de uma substância, um ponto de vista sobre as coisas, mais do que uma coisa em si (Hillman, 1990). Retomando, ainda, o sentido que Jung denota de desmitificar a alma e desfazer a ilusão de que a *anima* está em nós, em vez de nós estarmos na *anima*, Hillman diz que, porque tomamos a *anima* como se fosse uma pessoa, ou porque ela engana o ego dessa forma, perdemos o significado mais amplo de *anima*. Segundo Bar-

---

2. Chapman; Pereira. Animus e anima: Emma Jung. Arq. Neuro-Psiquiatr., São Paulo, v. 55, n. 2, p. 343, June 1997. Disponível em: <https://goo.gl/CFuy9h>. access on 23 June 2017. <https://goo.gl/iGZWxG>, p. 343.

cellos (1991), esse significado mais amplo crivou a alma como uma perspectiva genuinamente psicológica, esse *in anima* é ser na alma desde o começo, na perspectiva de Jung.

O conceito de individuação de Jung nada mais é do que a ideia de que o objetivo da vida seria servir o mistério, tornando-se um indivíduo. Essa relação induz um diálogo entre ego e Eu, definido por Jung de *Auseinandersetszung*, que não possui uma tradução apropriada quanto ao seu significado intrínseco para nosso idioma, mas que se refere à ideia de confronto. Essa troca dialética de realidades separadas e, no entanto relacionadas, faz as cisões da psique serem parcialmente curadas (no sentido de evoluir a partir da consciência de si) e encaminharem-se à reintegração de sua totalidade (Hollis, 2001). Psique ou alma, então, nomeia o processo misterioso através do qual vivenciamos o movimento em direção ao significado, como muito bem pontua o pós-junguiano James Hollis.

Os prolegômenos de Baumgarten, o pai da estética, falam sobre a psicologia e, consequentemente, sobre a alma. Segundo esse discurso, a alma é a parte do ser que está consciente de alguma coisa. Ela é modificada pelo pensamento, os pensamentos são, por sua vez, o que ele chama de "acidentes da alma" e que, por fim, encontram sua razão nesta. A alma seria ainda uma força que pode representar o universo a partir da posição de seu corpo. Suas conclusões na metafísica defendem a concepção na qual:

> [...] a totalidade de representações presentes na alma é uma percepção total; suas partes são percepções parciais, que, por sua vez, se dividem em dois conjuntos. O conjunto das percepções obscuras é o campo da obscuridade, que é o fundo da alma, e o conjunto das percepções claras é o campo da claridade, que compreende o campo da confusão, da distinção, da adequação, etc. (Baumgarten, 1993, p. 59)

Jung destaca a necessidade de se considerar todos os fatores que influenciam a vida psíquica, inclusas questões de ordem biológica, social ou espiritual, visto que tais acontecimentos são realidades no mundo interno de cada indivíduo. Segundo Maia (2011), desta maneira, a renovação do espírito coletivo só pode ser alcançada por meio da consciência individual, na qual, a elaboração do processo de individuação acontece de forma simultânea ao desenvolvimento histórico e cultural.

A alquimia tem como foco o estudo da constituição da matéria, a fim de desfazê-la e refazê-la, moldando e recriando novas formas. O princípio básico é que, para obter aquilo que se quer, é preciso dar algo em troca, algo de valor equivalente. Os Alquimistas projetavam seus processos internos nas suas experimentações alquímicas e, à medida que conduziam tais operações, vivenciavam experiências internas, profundas, sendo algumas de cunho espiritual.

Tanto quanto se possa fazer uma reconstituição, os Alquimistas dos séculos XV e XVI tinham dois objetivos inter-relacionados: 1) Alterar ou transformar materiais básicos em algo valioso como o elixir universal ou pedra filosofal; 2) Transformar uma matéria básica em espírito, ou liberar a sua alma. (Baruch, 2008)

Essas metas são como metáforas para o crescimento e o desenvolvimento psicológicos. Carl Jung trouxe grandes contribuições da alquimia para o fundamento da sua teoria psicológica; segundo sua articulação, é através do contato da *psique* do psicólogo, com a *psique* do paciente, que se dá início ao processo terapêutico e se abrem as portas para a capacidade de transmutação dos aspectos internos do paciente, que a psicoterapia proporciona.

Em *Psicologia e Alquimia*, Jung (2012) nos fala sobre a importância de o analista estar inteiro no processo, pois é a partir dessa inteireza que o processo analítico pode verdadeiramente ocorrer. Trata-se de uma interação muito complexa que abarca a personalidade integral de ambos, numa espécie de combinação alquímica de elementos psíquicos. Ao dizer que "a arte requer o homem inteiro", Jung nos coloca que, tanto o analista, quanto o analisando estão na busca desse "homem total".

Em alquimia, esse processo se chama "conjunção de dois princípios". No processo de transmutação alquímica, o metal sem valor é submetido a inúmeros processos, passando pelo estado *nigredo* (morte espiritual), *albedo* (purificação), *citrinitas* (despertar) e *rubedo* (iluminação) até a completa transformação em metal nobre (Aurélio, 2010). A alquimia representa, pois, a projeção em laboratório de um drama ao mesmo tempo cósmico e psicológico. Trazendo o processo alquímico para as questões da *psique*, podemos perceber que somente a experiência de todos os estágios do ser pode transformar o estado ideal da *albedo* em uma forma de existência plenamente humana. Somente trilhando a totalidade de estágios a *opus magnum* estará completa, isto é, a alma humana estará completamente integrada.

Em *Suicídio e Alma*, James Hilmman (2009) discorre sobre o fato de que a alma, em Jung, é defendida como realidade primordial e afirma que, em nossa geração, tudo é dividido em aquilo que tem ou sustenta a alma e aquilo que a aniquila ou a anula. A ciência é uma atitude da mente, reflexiva, técnica, enquanto que a alma é uma atitude da *psique*, internalidade, sentimentos, intuição.

De acordo com os gregos antigos, o conhecimento ou *epystheme* é dividido em vários tipos, que se diferenciam pela maneira como podem ser adquiridos, não significando que haja superioridade entre esses métodos, mas sim no que concerne à aplicação destes. Sendo eles: o método científico, o método cultural e a experiência da fé. A epistemologia é atualmente uma ciência que embasa outras ciências, em um ramo do saber filosófico que se ocupa da estruturação e sustentação do conhecimento através de uma série de métodos lógico-racionais. Já que a psicologia reclama o título de ciência para si, é essencial que todas as suas teorias tenham bem estabelecidas essas três bases, para então ser validada. Ainda mais porque suas muitas abordagens e métodos diversificados acabam por entrar em contradição dentro do mesmo ramo, que é a psicologia, a qual deve então procurar se validar na filosofia.

O problema da epistemologia na ciência de que tratamos é que, por focar demais nesses métodos de validação científica, tem alimentado uma Psicologia muito mais focada em produzir do que em transformar, contrariando o foco de suas origens, que consistia em voltar o olhar para as questões da alma. Essa lógica do produtivismo tende ao tecnicismo, à produção compulsória de conhecimento sem a devida reflexão e interiorização do saber, à falta de abertura da Psicologia a outros saberes, igualmente essenciais no auxílio dos estudos sobre a alma humana, e à falta de diálogo entre suas abordagens, que alimentam a competição entre si para se provarem como ciência e verdade universal.

Ao longo do percurso desse século, a inter-relação das áreas do saber foi sufocada pela racionalidade advinda do processo de revolução industrial, da divisão do trabalho, tendo como consequência a fragmentação do conhecimento e a excessiva predominância de especializações (Siqueira; Pereira, 1995).

Por sua vez, em seu livro *Como eu Vejo o Mundo*, Albert Einstein trata de uma série de questões a respeito do homem e do mundo, segundo o ponto de vista de suas experiências e vivências. Em um de seus discursos sobre a interioridade do homem e sua relação com a natureza, o autor discursa que:

> O ser experimenta o nada das aspirações e vontades humanas, descobre a ordem e a perfeição onde o mundo da natureza corresponde ao mundo do pensamento. A existência individual é vivida então como uma espécie de prisão e o ser deseja provar a totalidade do Ente como um todo perfeitamente inteligível. (Einstein, 1981, p. 12)

Einstein era conhecido pela relatividade em seus pontos de vista, principalmente no que concerne à religiosidade e Deus. Ele acreditava que, essencialmente, a razão da ciência e o sentimento da religiosidade eram complementares, esclarecendo que as especulações que emergem na área da ciência emanam de uma fonte íntima atrelada ao sentimento religioso, e que sem essa fonte toda e qualquer elucubração de caráter científico seria estéril. Sendo, as áreas da ciência e da religiosidade, complementares, segundo o pensamento de Einstein, é necessário que elas coexistam; a harmonia entre as duas forças sustentaria uma ponte que permitiria a travessia do homem rumo à totalidade.

Nos anos 1990, Stuart Hameroff[3] e Sir Roger Penrose[4] se dedicaram a estudos relacionados à consciência. Em 2012, a teoria quântica da consciência desenvolvida por eles repercutiu no mundo inteiro. Nela, eles usam a mecânica quântica para tentar provar cientificamente a existência da alma e da consciência, argumentando que esta seria o resultado de efeitos quânticos gravitacionais sobre pequenas estruturas proteicas (microtúbulos) no interior das células cerebrais (Gayle, 2012).

Os autores explicam que a alma, enquanto parte do universo, estaria abarcada nesses microtúbulos. A morte seria um retorno a eles, pois, quando uma pessoa morre, os microtúbulos perdem sua forma, mas não deixam de existir. Como reza o princípio de Lavoisier: nada se perde, visto que tudo se transforma; assim, os microtúbulos persistem fora do corpo material. Se o paciente morre, é ainda possível que sua informação quântica exista fora do corpo, indefinidamente, como uma alma (Gayle, 2012).

Henry P. Stapp[5] trabalhou com alguns dos fundadores da mecânica quântica. Tara MacIsaac (2014) cita a fala do físico, em que ele explica que a existência da alma se encaixa dentro das leis da física. Na sua concepção de alma, esta se refere a uma *psique* independente do cérebro e do resto do corpo humano. Ele explica que os fundadores da ciência quântica precisaram cortar o mundo em duas partes: acima do corte, a matemática clássica é capaz de descrever os processos físicos empíricos, abaixo do corte, a matemática quântica descreve um reino que não corresponde a um completo determinismo físico, não se deixa englobar por nenhuma concepção de descrição clássica das propriedades experienciáveis (Macisaac, 2014).

---
3. Diretor do Centro de Estudos da Consciência na Universidade do Arizona, EUA.
4. Físico-Matemático da Universidade de Oxford, Inglaterra.
5. Físico teórico da Universidade da Califórnia-Berkeley.

Sobre a ligação entre o físico e o mental, Stapp argumenta que esta ocorre de forma dinâmica, e que a teoria física clássica foge do problema que é tratar essa questão, assim, físicos clássicos tendem a desacreditar o que a intuição diz e a considerar a questão como um produto da confusão humana. Em vez disso, afirma Stapp, a ciência deveria reconhecer os efeitos físicos da consciência como uma variável a ser respondida em termos dinâmicos (Macisaac, 2014).

O advento da racionalidade científica é característica intrínseca da Modernidade, que trouxe com ela a constituição do modelo de educação que temos hoje na universidade. Ela trouxe uma visão de mundo radical, contrária à do espírito medieval, chegando a romper com este por considerá-lo infrutífero, já que era fundamentado na magia, na alquimia, no misticismo e nos domínios da religiosidade. A modernidade começa por negar a legitimidade dessas questões e das relações dos homens daquele tempo com seu mundo, seu cosmos e seu corpo (Pereira, 2014).

A razão foi instituída como base para a construção de conhecimentos no intuito de interpretar os fenômenos da natureza, do homem e da sociedade, a fim de melhorar a vida humana. Aqui, as explicações baseadas em mediação com os deuses, na mitologia ou na magia, são descartadas como verdades inverossímeis, provenientes de fontes deficientes e duvidosas. Segundo Pereira (2014), o ponto central de interesse da ciência moderna é a sua crença e ambição na capacidade humana de compreender, construir e manipular o mundo. A natureza foi o alvo das primeiras investigações científicas, pois o domínio sobre ela prometia não só o controle das calamidades naturais, mas também a satisfação das necessidades dos homens.

René é considerado o pai do método racional. O seu pensamento se baseia na soberania da razão, em detrimento de outras formas de aquisição de conhecimento, pois esta seria o poder que o homem possuía, já que possibilitaria a revelação das características do mundo tidas como universais, eternas e imutáveis. Aqui, o método experimental passa a ser usado para investigar e garantir a veracidade dos resultados encontrados, excluindo toda e qualquer forma paralela de construção de conhecimento (Pereira, 2014).

Deste período em diante, a única via validada para adquirir conhecimentos com credibilidade passou a ser universalmente a via racional atrelada ao método científico de investigação. Esta conduta científica passou a atuar na universidade, pautando o desenvolvimento do conhecimento pela via da racionalidade, que, como consequência, reproduz a separação entre sujeito e objeto.

Atualmente, nossa educação, desde a escolar formal básica, é dividida em disciplinas acomodadas dentro de uma grade curricular, onde nenhuma tem contato com a outra, e muito menos com a realidade. Cada especialidade é um ponto isolado na teia do conhecimento e o movimento de reflexão por parte dos alunos é quase inexistente, pois não há espaço para suas reflexões nos conceitos fechados, apresentados quase como por imposição no processo de aprendizagem. Trata-se da educação comercial, onde o professor é pago pela família do aluno para depositar nele o conhecimento pronto, sem o mínimo esforço ou espaço de reflexão para a aquisição e assimilação do conhecimento.

Em *O Método* (citado por Siqueira; Pereira, 1995), Edgard Morin ressalta bem o fechamento das disciplinas sobre objetos mutilados, resultando, disto, um conhecimento fechado, destruidor das solidariedades, das articulações, da ecologia dos seres e dos atos, enfim, da própria existência. Ou seja, a especialização se torna uma barreira no estabelecimento de inter-relações, pois, à medida que fortalece o trabalho isolado dos especialistas, nega a importância dos diferentes saberes na construção do conhecimento.

Segundo Holgonsi (1995), é necessário romper com a tendência fragmentadora e desarticulada do processo do conhecimento e ascender à interação entre as diferentes áreas do saber, pois tal compreensão colabora para a superação da divisão do pensamento e do conhecimento, o qual:

> [...] vem colocando a pesquisa e o ensino como processo reprodutor de um saber parcelado que consequentemente muito tem refletido na profissionalização, nas relações de trabalho, no fortalecimento da predominância reproduti-

vista e na desvinculação do conhecimento do projeto global de sociedade. (Siqueira; Pereira, 1995)

Os saberes da psicologia, por exemplo, são a integração de reflexões feitas com base em porções de conhecimentos trazidos das mais diversas áreas do saber, tais como filosofia, antropologia, mitologia, biologia, física, sociologia, entre muitas outras. Não há como dissociar esses conhecimentos dentro da área da psicologia, assim como não há como relacionar-se com alguns aspectos do ser humano e excluir outras partes. O propósito da psicoterapia é justamente o contrário, o da integração, e para isso é necessário que o analista seja preparado para auxiliar o analisando nesse processo de integração, partindo da capacitação adequada em uma formação educacional integral, em conjunto com o processo individual de integração de seus aspectos.

A psicologia analítica entende que existe uma conexão entre os mitos antigos e os acontecimentos atuais, voltando seus olhos para a percepção do grande anseio do homem de se reconectar com aspectos e valores espirituais negligenciados, numa busca de significado e sentido de vida, presente também no pensamento de Baumgarten. Desta forma, ela contribui para a compreensão e reavaliação dos símbolos e ultrapassa a esfera acadêmica ao abranger o sofrimento da alma e os arcanos da *psique* humana. Esta forma de compreensão limita o racionalismo científico do século XIX, quando mostra que não há uma verdade absoluta, e que o olhar do pesquisador, coberto sempre por sua subjetividade, interfere no processo observado (Maia, 2011).

Repensando a produção do conhecimento fora das condutas científicas dogmáticas, nós estaremos dando a oportunidade de introduzir esses conhecimentos em um contexto de totalidade. Esse movimento nos dá margem para tratar da complexidade do nosso mundo de uma maneira mais abrangente, onde possamos vivê-la de forma integrada e autônoma e atender à necessidade de restituir o sentido da unidade que tem sido sufocada pelos valores do especialismo.

Considerações finais

Nestes termos, conclui-se que se faz necessária a volta do espaço para a integralidade, como superação do rompimento da tendência fragmentadora do processo do conhecimento partilhado por nós atualmente. A proposta de um "estado novo" de educação, em Baumgartem, oferece a possibilidade de absorver os fenômenos do mundo em uma perspectiva mais abrangente, pois, através da união da sensibilidade do ser humano com a racionalidade do método científico, pode-se ter uma apreensão do mundo de maneira a abarcar melhor sua complexidade, o que permite se encaminhar à totalidade.

A física quântica, enquanto realidade, nos deixa um relevante exemplo para a educação: assim como o universo é formado por átomos e estes, por sua vez, são constituídos por porções de energia que se interconectam, em se tratando de conhecimento, um saber fragmentado não tem como subsistir. Da mesma maneira, a *Psiquê*, enquanto realidade interna de cada sujeito, é incapaz de atuar de maneira saudável em partes, o que demanda de nós, sujeitos, proporcionar espaço para o encontro dessa realidade desconhecida com a que já conhecemos. Essa demanda ecoa em nós, terapeutas, reivindicando um olhar para o tratamento dessa alma adoecida, porque fragmentada.

Tudo está permanentemente integrado, embora se apresente dissociado. A partir dessa percepção, que se evidencia tão claramente, e em oposição ao olhar da ciência tradicional, que concentra seus esforços na especialização da parte, é de extrema importância voltar o olhar para a alma humana e sua relação com a alma do universo, a reconciliação da espécie com sua natureza. É imperativo colocar em vigor a capacidade que a psicoterapia tem de auxiliar o processo de reintegração da totalidade, destino de todo ser vivo. Perceber o universo tal qual ele é, com um lugar para cada pedaço e cada pedaço em seu lugar, ao invés de projetar a si mesmo em tudo que se apresenta no externo, é um grande passo em direção à consciência de totalidade. As palavras de William Blake (1954), poeta de sentir contemporâneo, ecoam em nossa época: "Se as portas da percepção estivessem limpas, tudo se mostraria ao homem tal como é: infinito".

Referências

BARCELLOS, G. **A anima 30 anos pós-Jung**. Instituto Junguiano de São Paulo, 1991. Disponível em: <https://goo.gl/HfGRhB>.

BARUCH, L. **Psicoterapia, um processo alquímico segundo a visão Junguiana**. 2008. Disponível em: <https://goo.gl/Vck9RT>.

BAUMGARTEN, A. G. **Estética**: A Lógica da Arte e do Poema. Tradução de Mirian Sutter Medeiros. Petrópolis: Vozes, 1993.

BLAKE, W. **O Matrimônio do Céu e do Inferno e O Livro de Theo**. Tradução de José Antônio Arantes. 3. ed. São Paulo: Iluminuras, 2007.

EINSTEIN, A. **Como Vejo o Mundo. Tradução de H. P. de Andrade**. 11. ed. Rio de Janeiro: Nova Fronteira, 1981.

FERREIRA, A. **Dicionário da língua portuguesa**. 5. ed. Curitiba: Positivo, 2010.

GAYLE, D. Near-death experiences occur when the soul leaves the nervous system and enters the universe, claim two quantum physics experts. **Science & Tech**, 2012. Disponível em: <https://goo.gl/CSEkGG>.

HILLMAN, J. **Psicologia Arquetípica**: Um Breve Relato. São Paulo: Cultrix, 1991.

HOLLIS, J. **Os Pantanais da Alma**: Nova Vida em Lugares Sombrios. 2. ed. São Paulo: Paulus, 2002.

JACQ, C. **O Mundo Mágico do Antigo Egito**. 2. ed. Rio de Janeiro: Bertrand Brasil, 2001.

JUNG, C. G. **A Natureza da Psique**. 11. ed. Petrópolis: Vozes, 2012.

_____. **Psicologia e Religião**. 11. ed. Petrópolis: Vozes, 2012.

_____. **Psicologia e Alquimia**. 11. ed. Petrópolis: Vozes, 2012.

MACISAAC, T. Físico explica por que a alma pode existir. **Epoch Times**, 2014. Disponível em: <https://goo.gl/HsmHAr>.

MAIA, D. **Perspectivas psicológicas de Jung sobre as ciências e a arte**. Instituto Junguiano de São Paulo, 2011. Disponível em: <https://goo.gl/oIWBLs>.

PENNA, H. O Paradigma Junguiano no Contexto da Metodologia Qualitativa de Pesquisa. **Psicologia USP** [on-line], v. 16, n. 3, p. 71-94, 2005.

_____. **Um estudo sobre o método de investigação da psique na obra de C. G. Jung**. 2003. Dissertação (Mestrado em Psicologia) – Programa de Pós-Graduação em Psicologia Clínica, Pontifícia Universidade Católica de São Paulo, São Paulo.

PEREIRA, E. A construção do conhecimento na modernidade e na pós-modernidade: implicações para a universidade. **Revista Ensino Superior**, n. 14, jul. 2014. Disponível em: <https://goo.gl/jZIot9>.

SIQUEIRA, H.; PEREIRA, M. A Interdisciplinaridade como superação da fragmentação. **Caderno de Pesquisa**, n. 68, 1995. Disponível em: <https://goo.gl/FON5K8>.

Capítulo 3
A DESCOBERTA DA SINESTESIA[1]

Amanda Aline Pinheiro

A sinestesia (grego *sunaísthesis, -eos*, sensação simultânea, percepção simultânea) é um fenômeno neurológico que faz o estímulo de um sentido causar reações em outro, criando uma mistura entre dois ou mais sentidos (visão, olfato, audição, paladar, tato). A maioria das pessoas recebe os estímulos externos e os processa em paralelo no cérebro: um objeto visto segue uma rota específica até o córtex visual; os sons fazem seu próprio caminho até chegar ao córtex auditivo; e assim por diante. Porém, no cérebro dos sinestetas, essas trilhas se cruzam, gerando uma combinação no processamento da informação. Esse é um processo cerebral involuntário e já foram catalogados 61 tipos de sinestesia, mas as causas ainda são desconhecidas. Sabe-se apenas que a genética tem influência. A sinestesia é comum em algumas famílias e está relacionada a pelo menos três cromossomos.

Quando percebi esse tipo de atividade com os meus sentidos, entendi certas atitudes que tive quando criança, como comer o meu material escolar, e algumas escolhas e pequenos gostos que tive ao longo da infância e juventude, como sempre gostar mais de colorir do que desenhar nos trabalhos de escola e atividades de lazer, ou, ainda, idolatrar os meus lápis de cor no estojo do colégio.

A prática, sem dúvida, foi extremamente importante para minha conclusão, pois o que acontece com os meus sentidos gera um enorme impulso de comer a tinta. Explico: o estímulo visual da cor e da textura do material, independente do seu cheiro, estimula as minhas papilas gustativas ao ponto de me deixar com água na

---
1. Trabalho realizado sob orientação do Prof. PhD. Carlos Velázquez, coordenador do Movimento Investigativo Transdisciplinar do Homem – MITHO, Universidade de Fortaleza (Unifor).

boca, de forma que, passado um curto tempo da atividade, fico com uma fome fisiológica. Tais sensações acabam por influenciar no resultado do trabalho prático, me fazendo preferir cores vibrantes e quentes, o que muitas vezes só percebo quando termino a atividade do dia.

Grandiosa foi para mim a percepção ao exercer uma atividade artística sob o efeito da sinestesia. A partir das cores e sua textura, da sensação de utilizar o pincel e das instruções do professor (sentidos externos), minha mente processou as ações relacionadas ao ato de pintar (como a escolha de fazer certa mistura, ou a de carregar o pincel com mais ou menos tinta) influenciadas, tanto pela sinestesia, quanto pela minha intuição (sentidos internos). Tive, assim, a "capacidade de sentir agudamente" e sem perceber, no momento, a minha realização. O que acabo de descrever foi a primeira, de oito, faculdades inferiores da "Psicologia empírica" de Baumgarten: 1. *Sensus*, 2. *Phantasia*, 3. *Perspicacia*, 4. *Memoria*, 5. *Facultas fingendi*, 6. *Iudicium ad saporem non publicum*, 7. *Praevisio* e 8. *Facultas característica*.

Alexander Gottlieb Baumgarten publicou em 1750, na Alemanha, a sua Estética (do grego *aisthesis* – sensação). Como uma filosofia da educação, ela defende que através da percepção dos sentidos junto com uma dinâmica recíproca entre as faculdades conscientes e inconscientes possamos alcançar o que Baumgarten chamou de Beleza: "a perfeição do conhecimento sensitivo". E só através dessa experiência podemos alcançar uma consciência expansiva.

Dentro da sistematização cognitiva da estética de Baumgarten, posso afirmar que a sinestesia está para mim como uma *Phantasia* que chega à minha consciência como representações de experiências infantis e inconscientes. Como já foi dito, a sinestesia é uma característica (provavelmente) genética que, juntamente com a *Perspicacia* (faculdade que identifica as coisas a partir de imagens pelos sentidos e na fantasia), estimula a *Facultas fingendi*, ou seja, a capacidade criativa. Por isso digo, muitas vezes, que só me dou conta do que criei quando termina a aula.

Ademais, acredito que é a objetividade da prática que me proporciona essa noção de percepção simultânea, uma vez que só por meio de uma produção artística posso senti-la: com uma experiência somente visual e não produtiva, a sinestesia não acontece. Claro que ao ver uma obra com variações de cores tenho um verdadeiro deslumbramento, ou sou levada a atitudes simples, mas grandiosas, como observar a natureza, ou a copa das árvores (mais uma vez a *Perspicacia* se fazendo presente). Não configura, no entanto, uma experiência sinérgica.

Mesmo com pouca (mas bastante intensa!) experiência, acredito que começo a desenvolver uma capacidade crítica sobre o uso das cores, o que me leva a observar o trabalho das colegas e até mesmo nas exposições de arte. Jamais esquecerei a experiência que tive na mostra das litogravuras para o livro da Bíblia Sagrada de Salvador Dali. Percebi a harmonia das cores e uma ligeira ideia da intenção do artista ao escolher cada uma. Podemos, a partir do meu relato, introduzir a sexta faculdade inferior, que é a *Iudicium ad saporem non publicum*, ou seja, estou iniciando uma capacidade de julgamento da perfeição ou da imperfeição das coisas a partir do meu exercício qualitativo.

Nesta altura da narrativa, posso expor uma relação entre minhas novas faculdades inferiores (que adquiri a partir da prática artística) com meu processo criativo ou, de outra forma, com o meu trabalho mental para idealizar uma obra: como uma conversa desinteressada comigo mesma, começo a fazer certas conexões de signos (uma cor, um objeto ou a escolha da luz na obra) na minha mente e, a partir das escolhas (que muitas vezes são aleatórias), vou buscar um certo significado ou sentimento para ter um impulso de querer realizá-la. Esta é a *Facultas characteristica*, ou seja, relacionar signos e significados.

Pronto, tenho minha obra idealizada na mente, mas, isso não significa que já sei como vai ser a conclusão. Antes mesmo de começar a obra, ao separar os materiais quando estou prestes a começar, acontece em certos momentos que minha intuição reage. Faço determinadas escolhas que não aparecem no começo do projeto e busco soluções para um bom resultado da minha criação fazendo pequenas projeções mentais, ou seja, estou utilizando a *Facultas praevisio* (disposição para perceber situações futuras) no resultado da minha obra.

Para finalizar o meu relato, afirmo que foi bastante construtivo analisar o meu trabalho prático a partir das teorias de Baumgarten, pois a filosofia estética cedendo atenção à arte tenta, de certa forma, explicar algo complexo que é o processo criativo. Baumgarten percebeu como é complexo transmitir um conhecimento teórico sem ter a prática, pois as impressões da percepção na nossa mente são fortíssimas e nos levam a um crescimento espiritual, uma vez que – como ele conceituou – utilizamos nossas faculdades inferiores. O equilíbrio entre o nosso consciente e inconsciente é muito valioso, pois assim podemos transcender o plano teórico e espiritualizar todas as nossas ações.

Referências

KIRCHOF, E. R. **A estética antes da estética**: de Platão, Aristóteles, Agostinho, Aquino e Locke a Baumgarten. Canoas: ULBRA, 2003.

LALANDE, A. **Vocabulário técnico e crítico da filosofia**. 3. ed. São Paulo: Martins Fontes, 1999.

SYNESTHESIA. Disponível em: <https://goo.gl/ep20Wc>. Acesso em: 21 nov. 2013.

VELÁZQUEZ, C. **Cada nota deve morrer**. Disponível em: <https://goo.gl/iThkoJ>. Acesso em: 23 nov. 2013.

_____. **O espiritual na arte**. Disponível em: <https://goo.gl/HS-89bN>. Acesso em: 23 nov. 2013.

_____. Reflexões sobre o ócio baumgarteniano. In: MARTINS, J. C.; BAPTISTA, M. M. (orgs.). **O ócio nas culturas contemporâneas** – Teoria e novas perspectivas em investigação. Coimbra: Grácio Editor, 2013.

Capítulo 4
VOCÊ CONHECE A MONA LISA?[1]

Nathália Vasconcelos Saraiva
Vitória Régia Rocha Rodrigues

Leonardo da Vinci foi um artista muito versátil como pintor, desenhista, escultor, arquiteto, astrônomo, engenheiro de guerra, engenheiro hidráulico, entre outros. Nasceu no vilarejo de Vinci, Itália, em 15 de abril de 1452. Leonardo, com 14 anos de idade, foi aceito na oficina de Verrocchio. Logo, aos 20 anos, passou a compor a Corporação dos Pintores de Florença, já nessa época era admirado e aceito por outros artistas e intelectuais. Morou em Milão, Veneza e Roma até ser convidado em 1516, pelo soberano francês Francisco I, para morar no Castelo de Clous na França. Aos 67 anos, já abatido e com a mão direita paralisada, morreu em 2 de maio de 1519. Antes de morrer, Da Vinci, que era canhoto, deixou vários manuscritos que mais tarde seriam reunidos no *Tratado Sobre a Pintura* (Gombrich, 2009).

A obra *Mona Lisa*, que foi realizada pelo artista da Renascença entre os anos 1503 e 1506, também conhecida como *Gioconda*, um dos seus trabalhos mais conhecidos, é uma pintura em óleo e está exposta no Museu do Louvre em Paris. No senso comum, existem alguns mistérios sobre quem seria a pessoa retratada na pintura. Uma hipótese é que seria uma mulher idealizada por Da Vinci, outra que seria um autorretrato do pintor vestido de mulher ou, a mais aceita, que seria Lisa Del Giocondo, esposa de um rico comerciante. Mona Lisa tornou-se um ícone do movimento renascentista por suas técnicas e recursos utilizados, como o *sfumato* e o *chiaroscuro*. Também os conhecimentos matemáticos que foram usados

---
1. Trabalho realizado sob orientação do Prof. PhD. Carlos Velázquez, coordenador do Movimento Investigativo Transdisciplinar do Homem – MITHO, Universidade de Fortaleza (Unifor).

na confecção da obra, onde o pintor buscou atingir a perfeição e o equilíbrio da proporção entre seus elementos. A obra ficou muito famosa também pelo sorriso enigmático da mulher retratada.

É importante lembrar que o Renascimento foi um movimento cultural muito importante na história da arte e da humanidade que marcou a transição dos valores medievais para um mundo totalmente novo, alavancado pela burguesia emergente, inspirada nos antigos valores greco-romanos, porém, mostrando uma ruptura com o fanatismo religioso e colocando o homem como peça principal, agora ocupando o lugar antes impensável do criador. Reforçaram-se, assim, noções como humanismo, antropocentrismo, individualismo, hedonismo, otimismo e racionalismo.

Mediante à aplicação de questionários, entrevistamos 50 pessoas de idades e condições diferenciadas, dentre as quais, mais de 80% nunca foram ao Museu do Louvre, que é onde se encontra a obra. Isso implica dizer que todas essas pessoas conhecem Mona Lisa através de outras plataformas, como internet, livros, revistas, fotografias, etc., o que afeta diretamente a "autenticidade" da experiência, pois seriam apenas reproduções técnicas da original.

> Mesmo na reprodução mais perfeita, um elemento está ausente: o aqui e agora da obra de arte, sua existência única, no lugar em que ela se encontra. E nessa existência única, e somente nela, que se desdobra à história da obra. Essa história compreende não apenas as transformações que ela sofreu, com a passagem do tempo, em sua estrutura física, como as relações de propriedade em que ela ingressou. Os vestígios das primeiras só podem ser investigados por análises químicas ou físicas, irrealizáveis na reprodução; os vestígios das segundas são o objeto de uma tradição, cuja reconstituição precisa partir do lugar em que se achava o original. (Benjamin, 1955, p. 2)

Benjamin (1955) descreve a aura como sendo todo o contexto da experiência e como isso ficou em decadência com a reprodutibilidade técnica e a necessidade da sociedade moderna de possuir o objeto, de ter tudo perto, o mal da globalização. Retirar o objeto do seu espaço de origem, de seu contexto, é destruir a sua aura. Nada pode ser experienciado da mesma forma duas vezes, ou por pessoas diferentes. Toda "aura" da obra original é diluída a partir do momento que a obra que foi produzida em um pequeno vilarejo em Florença, na Itália, em 1503, durante o movimento renascentista, com uma iluminação diferente, com o clima diferente, costumes diferentes e toda uma atmosfera diferente, de repente passa a pertencer a um museu na França, onde fica depois de uma faixa de proteção, uma multidão ao redor, várias pessoas tirando foto e toda uma expectativa sobre a obra feita por críticos, filmes e livros de história.

Percebemos que o "aqui e agora" pertence mais puramente ao autor da obra, que estava presente em todo seu contexto, com todas as condições. Até as pessoas que foram ao Louvre e viram a obra pessoalmente talvez não tenham visto a obra e sim uma réplica. Seria a mesma coisa? Mas não é idêntica? Esses questionamentos persistem.

> O único sentimento que alguém pode ter acerca de um evento que ele não vivenciou é o sentimento provocado por sua imagem mental daquele evento. É por isso que até sabermos o que os outros pensam que sabem, não poderemos verdadeiramente entender seus atos. (Lippman, 1960, p. 29)

Lippman (2008) conclui que teremos que presumir que o que cada homem faz está baseado não em conhecimento direto e determinado, mas em imagens feitas por ele mesmo ou transmitidas a ele. Então, toda imagem feita de Mona Lisa pelas pessoas que nunca chegaram a ver pessoalmente a obra é algo transmitido por alguém. As imagens mentais de muitas pessoas determinaram o que elas e muitas outras acham da Mona Lisa. Logo, a maioria das pessoas entrevistadas disse que Mona Lisa provavelmente seria a maior obra de arte de todos os tempos. Todos esses anos ouvindo como Mona Lisa é genial, um ícone, um marco da história e uma bela obra de arte (em seu mais equivocado sentido) devem ter feito com que o pensamento consciente dessas pessoas tenha influenciado seus sentimentos pela obra.

Na pesquisa realizada, percebemos que 13% das pessoas não têm acesso à arte e outras 30% dizem ter pouco acesso à arte. Hoje, ter acesso à arte é um privilégio de poucos, tido como algo supérfluo e fútil. As nossas escolas só estão preocupadas em preparar alunos para o vestibular, os cursos que não se enquadram nas áreas de "humanas" não se preocupam em utilizar a arte como meio de educação sensível. Os alunos estão presos em um sistema que valoriza muito o teórico e esquece a experiência.

> Ao criar a disciplina *aesthetica,* Baumgarten fez uso de duas principais tradições filosóficas: a tradição epistemológica que explica o conhecimento humano a partir de determinadas faculdades da alma (uma delas a *aisthesis* ou a percepção), de um lado, e as tradições da poética e da retórica, de outro. (Kirchof, 2003, p. 21)

Aisthesis tem como significado o ato de perceber, de notar. De acordo com Baumgarten, estética é a arte de pensar de modo belo, como ciência do conhecimento sensível. Analisamos a genuinidade estética de pessoas expostas à obra *Mona Lisa*, através da qual descobriríamos as percepções, sensações e o gosto.

Velázquez (2015) trabalha no conceito de juízo de gosto para Hume. Para ele, o gosto, por ser subjetivo, é particular e individual. Sendo assim, impossível dizer qual gosto seria melhor do que o outro. Depois vai existir uma descoberta da noção de gosto. E foi justamente na época do "homem de virtu", da Renascença, que isso foi ganhando destaque. Porém, um grupo em especial acreditava que tinha um conhecimento mais refinado e se destacava como referencial, ditando o que seria "bom gosto". Durante muito tempo, esse referencial foi a nobreza. Com a ascensão da burguesia, o que costumava ser relativo à nobreza passou a fazer parte da burguesia de formas ostentosas. Ainda hoje, percebemos que a questão do que seria gosto refinado, o que seria cultura, o que seria arte, precisa de um grupo referencial que o defina.

Para citar um momento em que a sociedade se deixou levar por opiniões formadas por um grupo referencial, trazemos um caso que aconteceu em Nova Iorque, em 2014, quando uma artista criou uma exposição com "arte invisível" e foi chamada de genial. Os colecionadores pagaram milhões de dólares pelas peças e isso causou muita polêmica. Impossível não lembrar de "As Roupas Novas do Imperador", que só os "bons" podiam ver. Ninguém via, mas ninguém tinha coragem de dizer que não via.

> [...] se tem que atribuir ao juízo de gosto, com a consciência da separação nele todo interesse, uma reivindicação de validade para qualquer um, sem universalidade fundada sobre objetos, isto é, uma reivindicação da universalidade subjetiva tem que estar ligada a esse juízo. (Kant, 2005, p. 56)

É preciso praticar o desapego de subjetividades, afeições e interesses. Apenas a possibilidade de especular sobre as obras, devanear imaginativamente sobre um objeto ou arte livremente. Sem se prender a pensamentos prévios, críticas ou expectativas.

Concluímos esse trabalho com uma frase de Jung que acreditamos resumir a questão que levamos para a vida:

> [...] será que a arte realmente "significa"? Talvez a arte nada "signifique" e não tenha nenhum sentido, pelo menos não como falamos aqui sobre sentido. Talvez ela seja como a natureza que simplesmente é e não "significa". (Jung, 1971, p. 66)

Referências

BENJAMIN, W. **A obra de arte na era da sua reprodutividade técnica.** Disponível em: <https://goo.gl/4vLQ9C>. Acesso em: 9 mar. 2014.

GOMBRICH, E. H. **A história da arte.** Rio de Janeiro: LTC, 2009.

JUNG, C. G. **O espírito na Arte e na Ciência.** Petrópolis-RJ: Vozes, 1971.

KANT, I. **Crítica da faculdade do juízo.** 2. ed. Rio de Janeiro: Forense universitária, 2005.

KIRCHOF, E. R. **A estética antes da estética**. Rio de Janeiro: Ulbra, 2003.

LIPPMAN, W. **Public Opinion**. New York: The MacMillan Company, 1960.

VELÁZQUEZ, C. **Mas afinal, o que é estética? Por uma redescoberta da educação sensível**. Lisboa: Chiado Editora, 2015.

Capítulo 5
HARRY POTTER:
A CRIANÇA DIVINA EM INDIVIDUAÇÃO[1]

Denise Ramos Soares

Este texto foi elaborado a partir de debates e leituras sobre o processo de individuação nas jornadas heroicas da mitologia. Buscamos avaliar o arquétipo da criança divina, descrito por Jung e Kerényi na obra de mesmo nome (2011), e como o processo de desenvolvimento trilhado por essas crianças, destinadas a se tornarem grandes heróis ou grandes vilões, se constitui. Nesse contexto, traçamos um paralelo entre a história do menino bruxo Harry Potter e a de seu opositor, Lord Voldemort, para exemplificar o contexto da busca pela individuação nesta que foi a saga mais querida pelos jovens nesses últimos 13 anos, considerando que a procura pelos livros e filmes desta saga é indicador de um processo inconsciente de identificação do público-alvo com os personagens.

Para tanto, foi utilizado o método de indução analítica, com base no paradigma junguiano em pesquisa qualitativa, defendido por Eloisa Penna (2004), que conceitua essa metodologia como possível na pesquisa qualitativa, entendida como método de observação dos fenômenos por um viés compreensivo e interpretativo da realidade e preocupada com a busca de significados e finalidades daquilo que se pretende conhecer. Penna adota a obra junguiana como paradigma, pois seu conhecimento é produto dialógico, relativo e dinâmico da observação dos fenômenos em seu contexto, no qual a subjetividade do pesquisador influi na compreensão, em concordância ao modelo de paradigma proposto por Thomas Kuhn ao criticar o modelo positivista e impessoal de apreensão dos fenômenos e propor uma ciência atenta aos fatores sociais e psicológicos impressos nos dados de realidade.

---

1. Trabalho realizado sob orientação do Prof. PhD. Carlos Velázquez, coordenador do Movimento Investigativo Transdisciplinar do Homem – MITHO, Universidade de Fortaleza (Unifor).

Nos estudos efetuados, tentamos elucidar as implicações do processo de individuação, através da análise do arquétipo da criança divina. Em nossa discussão pretendemos analisar, na obra de J.K. Rowling, aspectos da personalidade e do desenvolvimento de seus personagens, os quais denotam conteúdos inconscientes que estão em jogo na formação da personalidade. Partimos do pressuposto de que o público dessa saga se identifica com tais conteúdos que habitam no inconsciente coletivo, interagindo com os personagens e encontrando respostas para suas próprias questões, vislumbrando o que pode suscitar em seu próprio processo de individuação. Assim, associamos as questões inerentes ao processo de individuação e desenvolvimento contido na teoria analítica de Jung com a saga heroica já citada, compreendendo a estrutura arquetípica e psicológica da narrativa como análoga aos relatos humanos, entendendo a importância desse tipo de literatura para o desenvolvimento psicossocial das crianças, seu público-alvo. Dessa forma, acreditamos que este texto contribua para o entendimento do desenvolvimento psíquico e de como a literatura pode servir à árdua peregrinação humana em busca de si mesmo.

O Mito da Criança Divina

É comum encontrar em mitos e lendas a presença de crianças miraculosas que, em dado momento, se acham abandonadas, indefesas, órfãs, mal compreendidas ou amparadas pelos deuses. A esse tipo de personagem foi dado o nome de Criança Divina, e elas representam uma face da figura das divindades dos povos e nações que originam essas narrativas. As crianças divinas enfrentam, em sua jornada heroica, inimigos poderosos, obstáculos intransponíveis para qualquer ser, sua fragilidade de criança esconde uma força sobre-humana, da qual ela mesma ainda não tomou propriedade e esse simbolismo denota uma força oriunda do inconsciente, que a auxilia em sua saga de autodescoberta (Jung; Kerényi, 2011).

A criança divina é um arquétipo, uma imagem primordial de um conjunto de temas experienciados ao longo da história humana e arma-

zenados no inconsciente coletivo. Essa imagem em particulares formas no encontro de opostos, consciente e inconsciente, em uma situação caótica, ao invés de repulsão, gera uma complementação, surgindo uma possibilidade criativa, visando à realização do Self ou Si-Mesmo.
Trata-se do conceito junguiano para a tendência da psique a se autorregular. Para Jung, existe um princípio além do ego que o orienta e ao mesmo tempo é a fonte de todo o funcionamento psíquico. Seria este Self o arquétipo da totalidade que direciona o sujeito a um destino para o qual é convocado a abraçar, que é, ao mesmo tempo, a própria potência que orienta à individuação e seu fim máximo. Em virtude de seu caráter ordenador e da sua capacidade de impulsionar o ego para a ampliação de suas potencialidades, o Si-Mesmo foi identificado pelos analistas junguianos como a Imago-Dei, a imagem arquetípica de Deus no ego. É para o encontro com o Self que o herói trilha sua jornada, é esse o destino da individuação (Jung, 1964).
O aperfeiçoamento do ser em direção ao Si-Mesmo possui enormes entraves, pois nenhuma mudança é aceita sem luta, no caso do ego, isso se dá devido à tendência à sua defesa daquilo que é por ele experimentado como sacrifício de sua posição anterior como centro da vida psíquica, situação incoerente com o demandado pelo processo de individuação, que pressupõe a conjunção de todos os componentes da psique para alcançar a totalidade. Dessa sorte, o ego pode se deparar com obstáculos gerados por complexos, que são conglomerados de imagens que se reúnem em torno de um núcleo arquetípico carregado de tonalidade afetiva. Esses complexos têm que ser dissolvidos e trabalhados pelo ego para que a individuação possa se dar, mas seu surgimento sempre implica em defrontar-se com experiências carregadas tanto de prazer como de dor, fazendo com que a tendência natural do ego seja evitá-las, sem que isso acometa no seu desaparecimento, pelo contrário, quanto mais o sujeito se afasta do que lhe afeta, mais poder tem sobre ele (Jung, 1987).
Todas essas temáticas aversivas fazem a pessoa resistir ao processo de individuação, pois é encarado como uma mortificação. É dessa defesa do ego e seu choque com complexos ainda não solucionados

que surgem imagens arquetípicas monstruosas que ameaçam a figura heroica, com que o ego se identifica e, assim, experimenta desafios e temores ao longo do seu crescimento enquanto personagem.

Tal qual a figura heroica, a personalidade do individuando também deve estabelecer uma relação dialógica entre inconsciente coletivo e inconsciente pessoal para adquirir consciência do seu papel no âmbito social, biológico, antropológico e pessoal, atingindo um nível de evolução descrito como a autorrealização da personalidade.

É essa a razão pela qual é imperativo dialogar com os complexos, por mais sofrida que essa experiência possa ser, pois não há outro destino para a psique, não existe outra forma de existir no mundo que não seja tornar-se aquilo que se é.

Isso exposto, percebemos que na saga de J.K. Rowling existem duas crianças divinas: Lord Voldemort e Harry Potter, sendo ambos órfãos. A questão da orfandade remete à ideia de uma situação nova que fugiu do controle do consciente e do inconsciente, dessa forma, o órfão tem que aprender a se virar sozinho, pois nem a mãe (tradicionalmente relacionada ao inconsciente), nem o pai (consciente) podem acolhê-lo devido à crise gerada pela situação-problema. No entanto, é justamente dessa adversidade primordial que surge uma pulsão criativa que possibilitará ao sujeito buscar soluções nesse novo contexto, desenvolvendo potencialidades que de outra forma permaneceriam em latência.

A individuação é, pois, a conscientização da singularidade mais íntima do homem e o aperfeiçoamento de suas qualidades em prol do coletivo, objetivando um aprimoramento social, harmonizando-o com a sua singularidade e com a dos outros. Em contrapartida, está o individualismo, que incita a preocupação apenas consigo, de sorte a imobilizar o ego a se expandir ao Self, barrando o processo de individuação e paralisando a pessoa em aspectos primevos que não mais respondem satisfatoriamente ao contexto vivido (Jung; Kerényi, 2011).

A ampliação da consciência proporcionará uma inflação de conteúdos inconscientes sobre o consciente, que poderão causar dois tipos de reação adversa, devido ao mecanismo de defesa já exposto, elas são: autoconfiança exagerada, levando o individuando a se impor sobre a vontade do outro, crendo ser o "dono da verdade" ou um sentimento de desamparo e menos valor diante dos conteúdos que se apresentam, sendo incapaz de enfrentá-los. Essas duas reações, que nascem da própria necessidade de superá-las, estão presentes na saga Harry Potter, existem duas possibilidades de vivência do arquétipo da criança divina expressas na saga, o que nos fez deduzir que nos deparamos com a mesma figura em estágios distintos, confrontadas para representar a cena psíquica em que surge a figura do herói.

O Vilão

A mãe de Voldemort, Mérope Gaunt, era descendente de Salazar Slytherin, fundador da casa Sonserina, de Hogwarts. Slytherin acreditava que Hogwarts devia aceitar apenas alunos de famílias inteiramente mágicas, sangues puros, e tentou dissuadir os outros fundadores a adotar essa ideologia, sem sucesso. Ele, então, sela a Câmara Secreta com um basilisco dentro, uma serpente monstruosa capaz de matar apenas com o olhar. O bruxo deixa a escola com a promessa de que um dia seu herdeiro voltaria a Hogwarts para expulsar dali todos aqueles que nasceram de pais não mágicos ou trouxas, os chamados sangues-ruins, assim, todos os descendentes de Salazar foram ensinados a odiar os trouxas e nascidos trouxas, bem como a valorizar sua linhagem pura. Mérope, entretanto, apaixona-se por um trouxa, Tom Riddle, e é deserdada pela sua família de origem. Todavia, Riddle não correspondia ao amor da jovem, que decide fazer uma poção do amor para conquistá-lo. Depois de um ano, Mérope, já casada e grávida, acredita que o marido passará a amá-la mesmo sem o uso da poção, suas expectativas são frustradas quando, interrompido o uso do sortilégio, Riddle encoleriza-se e expulsa a mulher em meio ao inverno britânico. Fraca e desiludida, Mérope vai até um orfanato trouxa, onde dá à luz ao mais novo herdeiro de Slytherin e o chama de Tom Servolo Riddle. Esse menino estava destinado a se tornar Lord Voldemort. O vilão, aos 16 anos, cumpre a profecia de seu ancestral e libera o basilisco, o que demonstra sua comunhão com os preceitos do lado materno de sua família.

Há uma "seleção" nesse clã de membros autocentrados ou egocêntricos, o que indica que predomina nessas relações algo de inconsciente que remete a esse padrão estabelecido há exatamente 1.000 anos. Não é de se estranhar que Voldemort tenha interiorizado tão bem esse padrão ao se identificar com sua origem materna. Contudo, isso marcou também uma fixação nesse mesmo elemento materno, manifestado, desde os primórdios de sua família, pelo simbolismo da serpente, que é um arquétipo para um eu primitivo e indiferenciado, evidenciando o dom da ofidioglossia, habilidade de falar com as cobras. Todos os descendentes de Slytherin têm esse dom, mas Voldemort o exacerba ao abrir a câmara e libertar o Senhor das Serpentes, o basilisco.

> A serpente – tanto quanto o homem, mas contrariamente a ele – distingue-se de todas as espécies animais. Se o homem está situado no final de um longo esforço genético, também será preciso situar essa criatura fria, sem patas, sem pelos, sem plumas, no início deste mesmo esforço. Nesse sentido Homem e Serpente são opostos complementares, Rivais. E também há algo de serpente no homem e singularmente, na parte de seu entendimento tem o menor controle. E no entanto não há nada mais comum, nada mais simples que uma serpente. Mas sem duvida não há nada mais escandaloso para o espírito, justamente em virtude dessa simplicidade. (Chevalier; Gheerbrant, 1982, p. 814)

É perceptível que a tentativa de ser invulnerável e sobrepujar a morte, como é característico deste personagem, denota um profundo investimento libidinal no eu, reforçado pela figura da mãe, como a serpente, o caldeirão, do qual o vilão ressurge em *O Cálice de Fogo* e pela própria câmara, de forma arredondada e oca, tal qual o útero. É interessante relatar que o caldeirão, por seu formato arredondado, é outro símbolo da maternidade, ligada também à transformação espiritual. Em tradições pagãs, é símbolo de renovação da vida e das oferendas às deusas da fertilidade feminina. Devemos, entretanto, perceber que esse simbolismo é, neste contexto, uma projeção da experiência com o símbolo materno interiorizada na psique do vilão, uma espécie de marca que, ao invés de nutri-lo e fomentar seu crescimento, o fez voltar-se apenas para a satisfação de seus próprios caprichos.

Tanto Voldemort quanto Harry têm a capacidade de falar com as cobras, uma habilidade muito rara até mesmo para os bruxos. A cobra, sendo um animal ligado a instâncias primitivas e obscuras da psique, tanto quanto ao mistério, é sinal de um desenvolvimento ainda incompleto, de uma psique infantil, ainda muito próxima ao arquétipo da mãe. De fato, Lord Voldemort denota um comportamento particularmente mimado e autocentrado, que o torna social e emocionalmente imaturo, não sendo raro encontrar pessoas adultas que mantêm, em suas relações interpessoais, o egocentrismo infantil. Erik Erikson (1976 apud Pereira, 2005), em sua teoria dos estágios do desenvolvimento psicossocial, trazia a noção de que o ser humano, para alcançar os estágios posteriores de desenvolvimento, deve superar a crise do estágio anterior, do contrário, as questões inerentes à fase mais primitiva continuam a reincidir e sua vida psicossocial fica comprometida. Entretanto, uma análise junguiana denuncia um problema ainda maior, traduz uma falha simbólica que compromete a própria tendência autorreguladora da psique.

Na mitologia celta, dos antigos povos da Grã-Bretanha que em parte inspiraram a saga de J.K. Rowling, há registro de uma deusa tríplice que possui três formas físicas que se apresentam conjuntamente como uma mesma deidade. A sua primeira face é Brigid, a deusa que origina a vida, descrita na psicologia junguiana como a Jovem Divina, que aparece como mãe jovem no início das narrativas de heróis; a segunda é Morrigan, uma divindade sedutora, porém em idade madura que se torna mãe de uma civilização ao abençoar os soldados nas batalhas pelas fronteiras dos reinos, assim ela é a senhora das guerras e também símbolo de defesa e proteção da cria jovem; já a terceira é a deusa Cerridwen, representada como uma velha sábia ou uma feiticeira, ela é a face da deusa-mãe celta que transforma e prepara o filho para a vida em sociedade, conduzindo-o a jornadas contra monstros em prol de objetivos essenciais para sua sobrevivência ou a de seu povo (Franchini, 2011).

Psicologicamente, essa é a face da mãe que encaminha o filho à maturidade e à responsabilidade da vida adulta, e por isso pode ser representada como uma divindade maléfica, por um ego que resiste a renunciar à condição de infante. Ainda que a mãe-velha não se apresente em pessoa, seus efeitos na psique vêm na forma de seus simbolismos. Acompanharão essa sina se a cria estiver resistindo à transformação ou alquimia que opera, sua presença evoca dragões ou serpentes que, por seus aspecto retilíneo, evoca uma qualidade que foi psiquicamente registrada a estágios primevos de evolução, algo que tem certa complexidade biológica, mas ainda não alcançou os estágios mais altos de complexidade animal.

É nesse intermeio que Voldemort se estagna, repudiando a necessidade de ouvir o chamado da velha-sábia e abdicar do egocentrismo infantil e o ideal de invulnerabilidade do eu, ele se prende ao símbolo da serpente para exemplificar no próprio corpo, visivelmente, a tradução dessa dificuldade de superação egoica. Sua ligação com a serpente extrapola o plano abstrato e se mostra em sua face, que adquire uma aparência reptiliana ao ressurgir dos mortos através de um caldeirão mágico, em *Harry Potter e o Cálice de Fogo*.

Assim, ocorre a estagnação do seu espírito, incapaz de dar continuidade à saga de individuação e ao anúncio de sua própria tragédia, enquanto semeia a dor por onde quer que vá. Jung diria que essa é a prova da marca de um complexo materno negativo, indicando que esta imagem psicológica da mãe em Voldemort falhou em encaminhar seu filho simbólico ao mundo dos homens, seja por ação ou omissão (Jung, 1964). O mesmo símbolo, em um personagem cuja trajetória tivesse sido de conciliação com o complexo materno, poderia elucidar os caminhos pelos vales sombrios do inconsciente, como símbolo de sabedoria que a serpente também representa, para aqueles que a enxergam como oportunidade de crescimento e superação. Veremos que este confronto com o símbolo da serpente se desenrola de uma forma bem diferente com o herói.

O Herói

Harry Potter tem uma história aparentemente diferente, mas que se prova igual perante o arquétipo da criança divina. Quando Harry nasceu, foi feita uma profecia (não raro crianças divinas têm seu nascimento previsto por profetas, magos ou outra classe ligada à comunhão com as forças divinas) que anunciava a vinda ao mundo, no final de julho daquele ano, de uma criança que estava destinada a ser o rival do Lorde das Trevas e, no final do embate dos dois, que selaria o destino de todo o mundo mágico, um não poderia viver enquanto o outro sobrevivesse. Achando que Harry era essa criança, Voldemort vai à sua casa e assassina seu pai, Thiago, e tenta matá-lo, no que sua mãe, Lílian, intervém e acaba sendo morta no lugar do filho.

No primeiro livro da saga de Rowling, o "menino que sobreviveu" percebe que seu inimigo sucumbe ao seu toque devido à proteção deixada pela mãe, pois, ao dar a vida para salvar o filho, Lílian selou um feitiço muito antigo, cuja base é a magia mais poderosa do mundo mágico: o amor. Esse sacrifício deixou no filho uma marca, a cicatriz em forma de raio que Harry traz consigo desde a noite em que seus pais foram mortos. A magia protetora, da qual a cicatriz é apenas um lembrete, está entranhada em Harry, seu próprio sangue, o sangue da mãe, o protege das investidas do vilão. Ao longo da saga, Harry perde a magia defensora que lhe foi impressa pela cicatriz, embora continue por ela marcado, sinalizando que, por mais que a proteção de sua mãe esteja imersa em quem ele é, para se tornar adulto ele precisa deixar que falhe essa proteção para que possa testar sozinho suas próprias capacidades e seu próprio valor.

Enquanto Voldemort representa a criança divina que sucumbe aos dilemas do complexo materno, comprometendo seu processo de individuação, Harry Potter, a segunda criança divina, é o estado criativo do problema. A partir do sacrifício da mãe e posteriormente a falência de sua magia protetiva, ou seja, uma projeção do eu que morre para dar início à transformação gerada pela individuação, a ordem da possibilidade criativa suprime o eu primitivo associado a Voldemort, este, por sua vez, desconhece o sentimento de amor, pois o abandono que sofreu gerou nele sentimentos violentos, enquanto Harry tinha certeza do amor de seus pais, pois estes se sacrificaram por ele.

O altruísmo presente na atitude dos pais também ensina a Harry a direcionar a sua energia libidinal a outros objetos, se despojando de seu ego em prol de um bem maior. Aqui, a sutil diferença está na forma de abordar o trauma e a perda, mantendo o sentimento de afeto pelo entes perdidos e sabendo da marca simbólica que lhe deixaram, mas sem se deter nesta impressão menemonica de forma arraigada, como se fossem um ente só. Voldemort sofre a morte e a teme mais que a qualquer coisa, muito embora a cause a outros, já Harry aceita a morte como uma transformação, do ente querido que vivia externamente para aquele que vive em seu espírito, pois nele foi impresso simbolicamente por uma relação psicologicamente positiva com o arquétipo materno.

Desde o encontro com o espelho de Ojesed, desejo escrito ao contrário, até o desfecho da trama, toda a história desta criança divina tem se encaminhado para o enfrentamento com sua contraparte, seu reflexo primitivo, ainda repleto de um autoinvestimento libidinal, que deve ser sobrepujada para que um eu autônomo possa se desenvolver. Nesse contexto, é o valor do amor que ensina a segunda criança divina a se desapegar do arquétipo materno e abraçar a vida psíquica exterior.

Esse momento mostra que Harry consegue achar o ponto central entre seu consciente e o seu inconsciente, sabendo identificar sua função perante o social e o pessoal, assim como o espelho refletia sua vontade de ter a seu lado seus pais novamente, Harry entende sua posição diante da vida, ou seja, sua necessidade de ultrapassar o vazio que seus pais deixaram.

A Jornada: descendo ao Hades

No final da saga, Harry descobre que uma parte da alma de Voldemort habita em si, uma *horcrux*. Sendo esta a razão pela qual ele tem a habilidade de falar com as serpentes. É possível subentender, por esse fato e pela icnografia apresentada pela autora no decorrer de sete livros, que Voldemort nada mais é do que uma parte primitiva da psique de Harry, que não está desenvolvida. Uma etapa heroica a ser superada. J.K. Rowling encena a profunda dificuldade de diferenciação através da moral deturpada do personagem Voldemort, atestando a não superação de seus impulsos primários. Pessoas que se relacionam dessa forma tendem a desenvolver estratégias de convivência extremamente prejudiciais tanto a si quanto aos outros. Elas estão tão presas ao narcisismo característico de fases do desenvolvimento libidinal anteriores que o levam para a realidade exterior e para suas relações objetais. Winnicott, psicanalista da escola inglesa, falava que uma mãe que não fosse suficientemente boa se comportaria como uma mãe devoradora, obcecada por sua função protetora e que acabaria sufocando o filho, de tal modo que o impediria de se diferenciar dela, como se os dois fossem um só, assim, naturalmente, todas as outras relações deste filho seriam contaminadas pela influência materna (Winnicott, 2005). Embora os dois personagens sejam órfãos, é possível perceber que a imagem que cada um teceu da própria mãe se encarregou de traçar seus caminhos, Voldemort não se diferenciou, Harry sim. Entretanto, se considerarmos que a presença da alma de Voldemort no corpo de Harry é um indício de que os dois são estágios heroicos complementares, podemos entender que Voldemort é, na verdade, a personificação de um estágio de Harry, que ele deve superar para completar sua individuação.

> A meta seguinte da confrontação com o inconsciente é alcançar um estado em que os conteúdos inconscientes não permaneçam como tais e não continuem a exprimir-se indiretamente, mas se tornem uma função de relação com o inconsciente. Enquanto não chegarem a isto, serão complexos autônomos, isto é, fatores de perturbação que escapam ao controle da consciência, comportando-se como verdadeiros "perturbadores da paz". É um fato conhecido que é este o motivo pelo qual meu termo "complexo" passou para a linguagem comum. Quanto mais "complexos" um homem tiver, tanto mais estará sujeito à possessão. Mas se esse homem

conscientizar seus conteúdos inconscientes, tais como aparecem inicialmente nos conteúdos fáticos de seu inconsciente pessoal e depois nas fantasias do inconsciente coletivo, chegará às raízes de seus complexos. Só assim poderá libertar-se de sua possessão. (Jung, 1987, p. 107)

A vantagem de Harry sobre Voldemort é a conscientização do ato de sacrifício da mãe de Harry que intriga Voldemort, porque ele não entende o ato de sacrificar-se pelo outro. Esse ponto é favorável para Harry, pois ensina a ele se despojar de seu eu. Contudo, a individuação é a conscientização da singularidade mais íntima do homem e o aperfeiçoamento social que o ajuda a viver em harmonia com a sua singularidade e com a dos outros. A importância desse direcionamento de libido reside no fato de que não somos donos de nós mesmos, somos subordinados ao self, ou seja, a uma força superior, desse modo nunca poderemos chegar a entender o nosso si-mesmo, mas sim o vislumbrar, pois sempre haverá algo a descobrirmos de nós mesmos.

Por uma análise junguiana, é possível compreender que a individuação só é possível na medida em que passamos pelo complexo autônomo, que na saga de Harry Potter encontra expressão quando o protagonista é levado a um mundo intermediário, representado pela estação de trem de King Kross. Lá, Harry se depara com a personificação da *horcrux* que durante anos habitou seu corpo, esta assume uma forma deturpada de Voldemort, em estado fetal. Trata-se do deparar-se com o conteúdo emocional ligado ao arquétipo do complexo, a serpente. Sabe-se que todo herói deve enfrentar suas serpentes e monstros para alcançar a glória e, com Harry Potter, não foi diferente, a individuação do herói deve-se a esse rito de passagem que os relatos míticos ajudam-nos a elucidar.

Não é à toa que o diálogo de Harry com Dumbledore acontece nesse limbo, nesse local de passagem, pois é nesse cenário que Dumbledore esclarece os fatos que foram ocultados do protagonista, fatos dos quais depende sua sobrevivência e o triunfo contra seu inimigo.

O complexo autônomo trabalhado também remete a um retorno ao útero materno, o Hades do qual fala a mitologia grega, onde este deverá desvendar os mistérios contidos no arquétipo materno para retornar ao mundo dos vivos, conseguindo, assim, ultrapassar seus desafios. Entretanto, não é destinado ao herói apenas um desafio, todos temos que passar por diversos complexos autônomos ao curso de nossa existência, várias vezes temos de retornar ao nosso Hades para de lá renascermos de nossas próprias cinzas, como tão bem representa o simbolismo de Fawkes, a fênix de Dumbledore. Este, aliás, é o velho sábio das narrativas míticas que auxilia a jornada da criança divina para se transformar no herói da comunidade, é quem revela ao herói que ele deve se desconstruir e se refazer para renascer entre os deuses e salvar seu povo da destruição pelo retorno ao caos primordial. Contudo, para estar pronto para receber os conselhos do velho mago, é preciso renunciar a instâncias primitivas de nós mesmos, que, apesar de confortáveis, pois é sempre mais fácil se deixar dominar pelos anseios do inconsciente, não respondem mais às questões do novo estágio de vida e atrapalham a jornada de individuação, somente assim o herói pode alcançar a elevação do mundo dos mortais e juntar-se aos deuses dos quais provém.

A ascensão

O ser humano nasce inacabado. Nosso desafio perante a vida, nossa saga heroica cotidiana é a de nos construirmos e desconstruirmos à medida que o corpo cresce e a mente amadurece. Embora todos amadureçam fisicamente, poucos amadurecem psiquicamente e pouquíssimos são aqueles que completam a jornada da autodescoberta e encontram aquilo que Jung chamou de si-mesmo. A maioria de nós, a exemplo de Voldemort, nunca se atreverá a adentrar o Hades de nosso próprio ser, e daqueles que o fizerem, raros se permitirão a qualquer mudança em suas bases, para o renascer necessário e retornar ao mundo exterior. Como resultado, temos uma sociedade formada por pessoas emocionalmente adoecidas e imaturas. No fim, é a sociedade que perde.

Harry Potter é a saga de um menino-homem que busca enfrentar seus anseios, se permite à reconstrução e ao renascimento, mas também é a história de um homem-menino que se recusa a traçar o árduo caminho para a vida adulta, para a responsabilidade com a vida e a dor do próximo e de si. Talvez a saga de individuação vivenciada por Harry proporcione aos seus leitores mais força e determinação para o seu autodescobrimento. Cabe a nós a escolha de atender ou não ao chamado do herói e trilhar nosso caminho.

Referências

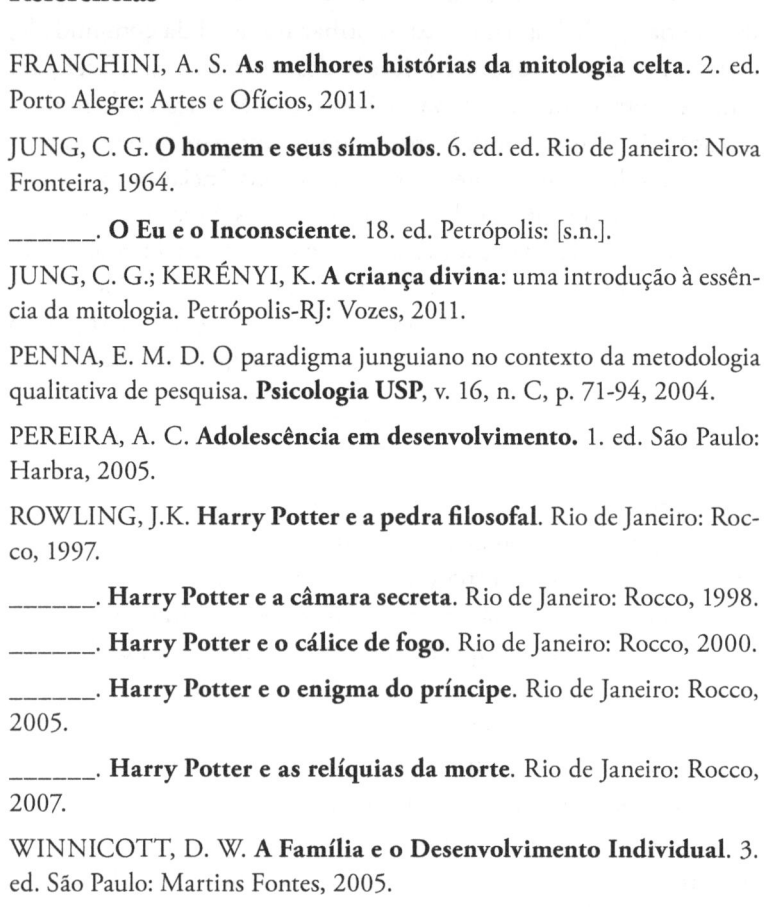

FRANCHINI, A. S. **As melhores histórias da mitologia celta**. 2. ed. Porto Alegre: Artes e Ofícios, 2011.

JUNG, C. G. **O homem e seus símbolos**. 6. ed. ed. Rio de Janeiro: Nova Fronteira, 1964.

_____. **O Eu e o Inconsciente**. 18. ed. Petrópolis: [s.n.].

JUNG, C. G.; KERÉNYI, K. **A criança divina**: uma introdução à essência da mitologia. Petrópolis-RJ: Vozes, 2011.

PENNA, E. M. D. O paradigma junguiano no contexto da metodologia qualitativa de pesquisa. **Psicologia USP**, v. 16, n. C, p. 71-94, 2004.

PEREIRA, A. C. **Adolescência em desenvolvimento**. 1. ed. São Paulo: Harbra, 2005.

ROWLING, J.K. **Harry Potter e a pedra filosofal**. Rio de Janeiro: Rocco, 1997.

_____. **Harry Potter e a câmara secreta**. Rio de Janeiro: Rocco, 1998.

_____. **Harry Potter e o cálice de fogo**. Rio de Janeiro: Rocco, 2000.

_____. **Harry Potter e o enigma do príncipe**. Rio de Janeiro: Rocco, 2005.

_____. **Harry Potter e as relíquias da morte**. Rio de Janeiro: Rocco, 2007.

WINNICOTT, D. W. **A Família e o Desenvolvimento Individual**. 3. ed. São Paulo: Martins Fontes, 2005.

Capítulo 6
FLORESCER EM CRISE: O HERÓI AO CHAMADO DA AVENTURA[1]

José Krishnamurti Costa Ferreira

Todos passamos por períodos de crise. Por mais que essa palavra venha, muitas vezes, acompanhada da ideia de patologia, a crise também pode representar a chegada de novas oportunidades e novas configurações. De acordo com o Dicionário Aurélio (Ferreira, 1986), o vocábulo crise possui, além de interpretações associadas à doença, ligação direta com processo de evolução e renovação. A ideia da crise como associada ao processo de desenvolvimento foi repetidamente trabalhada na psicologia. Um dos grandes exemplos é a teoria de Erik Erikson (Passos; Rabelo, 2014), que trabalha as fases do desenvolvimento do indivíduo associando-as a crises específicas. Fenomenologicamente, a crise é percebida como um momento de grande dificuldade e liga-se frequentemente ao sofrimento. Segundo Santos (1959), em sua origem grega, *crisis* evocava a ideia de separação e abismo, bem como de juízo e decisão. Atenta-se, portanto, ao fato de que, ao se estabelecer, a crise não apenas deflagra uma ruptura, como também exige um posicionamento. Do ponto de vista terapêutico, interessa o fato de que a crise é, além de um período de fragilidade e angústia, a porta de entrada para novas configurações psíquicas mais adaptativas. Segundo Holanda, "a resolução adequada de uma crise tem efeitos benéficos adequados para a pessoa e, além disso, proporciona recursos que a preparam para enfrentar melhor as situações críticas futuras" (Holanda; Passos, 2012, p. 27).

A "Jornada do Herói" diz respeito ao processo de desenvolvimento de um herói dentro de uma história mítica. O herói parte de

---
1. Trabalho realizado sob orientação do Prof. PhD. Carlos Velázquez, coordenador do Movimento Investigativo Transdisciplinar do Homem – MITHO, Universidade de Fortaleza (Unifor).

seu mundo em uma jornada na qual enfrentará diversos desafios, que, uma vez vencidos, dar-lhe-ão o poder de restaurar o equilíbrio que fora quebrado. Em nosso mundo cotidiano, todos somos heróis. Não precisamos necessariamente entrar em contato com seres de outros mundos, vestirmo-nos com roupas fantásticas ou acabar com um mau devastador. Pelo menos não no sentido literal. Somos, contudo, indivíduos e grupos buscando sobrevivência, não apenas no todo da vida, mas também em cada momento dela. Nossa consciência aliada à matéria e ao tempo cria cotidianamente nossa narrativa. Em nossa limitação, vivemos uma história crítica. Significa dizer que a todo momento estamos lutando, heroicamente, pela manutenção do que somos, sem portanto permanecermos os mesmos. Provavelmente estamos falando disso quando nos referimos ao processo de ajustamento criativo em Gestalt-Terapia ou à tendência atualizante em Abordagem Centrada na Pessoa – ACP. A lista de correlativos teóricos se estende, mas o fato é que não precisamos de discurso para reconhecer nossa busca diária de superação. A vida aponta para a crise e para sua resolução. Os gregos possuíam dois vocábulos para esta dinâmica: *diácrisis* (separação) e *syncrisis* (reunião). De acordo com Santos (1959, p. 57), "quando actualizamos a *diácrise*, virtualizamos a *síncrise*, e vice-versa". Interessantemente, o autor nos aponta que *diácrisis* e *syncrisis* são, em sua antinomia, positividades opostas que coexistem existencialmente, ou seja, quando a separação se apresenta, necessariamente também se apresenta a reunião, ainda que vetorialmente oposta. Em outras palavras, estamos retomando a já apontada dualidade da crise ao ressaltarmos que o aparecimento do desequilíbrio, ao sujeito, é acompanhado, simultaneamente, de possibilidades de equilibração.

Metodologia

Tentando apontar as proximidades entre ambos os processos, a saber, a jornada do herói e o desenvolvimento psíquico, neste texto trabalhamos especificamente com o significado geral do percurso heroico, bem como com seus momentos iniciais no intuito de melhor esclarecer a posição do indivíduo diante da crise e, concomitantemente, colher contribuições à perspectiva terapêutica no atendimento psicológico. Adicionamos a algumas posturas em Psicologia Clínica percepções advindas dos estudos em Mitologia Comparada feitos por Joseph Campbell. Como metodologia, trabalhamos nesta pesquisa com uma indução analítica com base bibliográfica e documental.

A jornada do herói e o lugar do psicólogo

Pensar a jornada do herói como um processo de desenvolvimento pessoal é possível na medida em que percebemos que, como disse Bachelard (apud Diel, 1991), todo mito é um drama humano condensado. Nessas histórias, encontramos uma infinidade de homens e mulheres, bem como inumeráveis relatos de crise e superação. Como signo, o herói representa cada indivíduo na medida em que esse indivíduo se reconhece como um "eu". Nas palavras de Campbell (1997, p. 28), "o herói, por conseguinte, é o homem ou mulher que conseguiu vencer suas limitações históricas pessoais e locais e alcançou formas normalmente válidas, humanas". Desta forma apresentado, o herói da narrativa mítica tem sua atuação fundamentada nas fontes primárias da vida e do pensamento humano. Representa o indivíduo não em sua vida particular, mas nos modelos de vivência humana que são particularmente atualizados.

Consideraremos aqui um percurso recorrente da jornada do herói simbolizado na fórmula separação-iniciação-retorno. "Um herói vindo do mundo cotidiano se aventura em uma região de prodígios sobrenaturais; ali encontra fabulosas forças e obtém uma vitória decisiva; o herói retorna de sua misteriosa aventura com o poder de trazer benefícios aos seus semelhantes" (Campbell, 1997, p. 36).

Para o tema proposto, uma questão deve ser adiantada: como o herói consegue sobreviver e completar sua jornada? Ou, do ponto de vista clínico: Como o indivíduo consegue superar sua crise? Em ambos os processos, trabalhados aqui como análogos, entende-se que tudo se inicia quando um equilíbrio é perturbado. Ora, se do ponto de vista do indivíduo psíquico o equilíbrio fora perturbado, conclui-se que este mesmo indivíduo não dispunha de poderes suficientes para sustentar o equilíbrio perdido. A palavra "poder" aqui nos serve para ambos os planos, uma vez que representa tanto qualquer capacidade de ação como, no que diz respeito ao mundo fantástico, artifícios mágicos através dos quais conseguem-se façanhas sobre-humanas. Desta forma, para superar uma crise o indivíduo necessita de um poder que, em um primeiro momento, lhe falta. Essa aquisição, do ponto de vista da psicologia clínica, é um ganho psíquico que representa não apenas formas novas do pensar e do sentir, mas também do agir. O indivíduo que adquire novos poderes se reconfigura diante do mundo, mais forte e mais bem adaptado.

A forma, contudo, de aquisição dos poderes aos quais nos referimos é extremamente particular. Nesta jornada que cada um trilha à sua maneira há a possibilidade, porém, de ajuda. Sejam objetos sobrenaturais, mapas, conselhos, enigmas ou companheiros de jornada, muitas vezes o processo de superação conta com suportes variados. Chegamos, então, a considerar o lugar do psicólogo neste percurso.

Definiremos, para nossa discussão, o psicólogo não como alguém que tem um registro ou mesmo uma graduação específica. Por psicólogo tomaremos, em sentido amplo, todo aquele que possui um *logos* acerca de uma *psique*, ou seja, um conhecimento acerca da vida psíquica. Desta forma, por mais que ressaltemos aqui questões da psicologia clínica e acadêmica, estamos nos referindo, antes de tudo, ao lugar de construção do conhecimento psicológico e suas possibilidades de intervenção no que diz respeito ao cuidado.

Se considerarmos os mitos naquilo que eles representam da vida psíquica e sua dinâmica, veremos que o herói, por sua centralidade e constância na história, bem como sua limitação e progressiva atualização, é uma forte representação do centro de autorreferência e autoconsciência psíquica. Seja chamado de "ego", "*self*" ou qualquer outro conceito, este centro delimita as fronteiras entre um eu e um outro. Assim, ainda que em uma determinada história todo outro mítico seja parte do mesmo mundo psíquico do eu heroico, ambos estão separados pelo estabelecimento de identidades distintas. O psicólogo é, nestes termos, uma figura importante na medida em que possui um determinado conhecimento acerca do mundo psíquico e sua dinâmica. Para o herói, ele pode aparecer como um outro que possui um saber necessário sobre o mundo desconhecido no qual se aventura, ou mesmo um elemento crucial no desenrolar das resoluções do caminho. Por ter uma certa familiaridade com os padrões da *psique*, o psicólogo tem uma maior liberdade no que diz respeito a suas intervenções. Mas se, a princípio, não parece difícil entregar-lhe um papel de ajudante do herói, um simples deslocamento cria uma questão bem interessante. Tendo, nele mesmo, uma autoconsciência, o psicólogo não deixa de ser, em todo caso, um outro herói.

Atualmente, esta é uma discussão bem presente em algumas abordagens de intervenção clínica e geralmente direcionada para a ideia de que o psicólogo ou terapeuta tem de estar sempre consciente para não deslocar o foco da ação do outro para si durante o encontro, a não ser que isto seja necessário para a resolução da crise inicial. No mundo mítico, estamos falando do cuidado que cada coadjuvante tem de ter para não transformar a história do herói em sua própria história, a não ser que sua própria história seja crucial para o restabelecimento do desequilíbrio perdido. Em seu texto "Recomendações aos médicos que exercem a psicanálise", Freud defende que "o médico deve ser opaco aos seus pacientes e, como um espelho, não mostra-lhe nada, exceto o que lhe é mostrado" (2006a, p. 131). Seja no estabelecimento de estratégias que visem um comportamento problema, um contrato terapêutico ou mesmo na tentativa de desenvolver uma terapia voltada para a pessoa como um centro, o fato é que cada terapeuta, à sua maneira, busca meios de não perder de vista a história que está sendo contada naquele momento ao mesmo tempo em que mobiliza recursos que sejam úteis para o desenrolar ordenador das crises estabelecidas.

Assim sendo, entendemos o psicólogo como um elemento catalisador de resoluções na medida em que se compromete a auxiliar o indivíduo em seu caminho de retorno e restabelecimento do equilíbrio perdido. No mito, ele é um coadjuvante que canaliza forças que estão além do controle do herói, mas que visam dar a este mesmo herói poderes para completar sua jornada.

> Seu papel equivale precisamente ao do velho sábio, presença constante nos mitos e contos de fadas, cujas palavras ajudam o herói nas provas e terrores da fantástica aventura. É ele que aparece e indica a brilhante espada mágica que matará o dragão-terror; ele conta sobre a noiva que espera e sobre o castelo dos mil tesouros, aplica o bálsamo curativo nas feridas quase fatais e, por fim, leva o conquistador de volta ao mundo da vida normal após a grande aventura na noite encantada. (Campbell, 1997, p. 19)

O chamado da aventura e a recusa

Na aproximação de ponto de vista clínico com as leituras míticas, supõe-se que o indivíduo em crise tenha recebido um chamado, ou seja, tenha entrado em contato com forças não completamente conhecidas. Um objeto pode ser misteriosamente roubado, o herói pode ser visitado por seres estranhos ou ele mesmo pode, ocasionalmente, encontrar durante sua vida cotidiana algo que lhe tinha passado despercebido até então. As possibilidades são inúmeras. Campbell (1997) cita a história de uma pequena princesa que brincava com uma bola dourada ao lado de uma fonte. Eis que a princesa joga sua bola pra cima e, não conseguindo pegá-la de volta, esta cai e desaparece dentro da água da fonte. O erro da princesa dá início a uma série de eventos de proporções não previstas. O fato é que, como apontou Freud (2006b), um erro pode não ser apenas um erro e apontar, por vezes, para todo um mundo desconhecido. Esquecimentos, lapsos e equívocos aparecem como portas de entrada para um mundo inconsciente, um chamado para uma aventura.

Diante deste distúrbio, há duas possibilidades para nosso herói, recusar ou aceitar o chamado. Por vezes, como cita Campbell, encontramos o triste caso do chamado não respondido: "A recusa à convocação converte a aventura em sua contraparte negativa. [...] o sujeito perde o poder da ação afirmativa dotada de significado e se transforma numa vítima a ser salva" (Campbell, 1997, p. 35). Não raro encontramos na clínica indivíduos em crise que recusaram o chamado. São aqueles que lá estão por encaminhamento, porque foram levados ou solicitados a se tratarem, ou mesmo aqueles que se sentem no dever de comparecer por qualquer moral que não a sua própria. Esses indivíduos ainda não se engajaram no próprio tratamento. Atentar para essas circunstâncias é de extrema importância uma vez que, nos dias atuais, a maior parte das intervenções em psicologia clínica é subordinada ao engajamento do cliente (paciente, analisando...). Isto significa que, diferentemente de outros tipos de tratamento, o processo terapêutico em psicologia clínica pressupõe o cliente, e não o terapeuta, como protagonista. Sem a disposição do protagonista, do herói da aventura, os vilarejos não são salvos, os feiticeiros não são derrotados, a vida não é restabelecida.

A segunda possibilidade diante do chamado é a de acolhimento e aceitação, produzindo, ao contrário, um indivíduo mobilizado para seu tratamento. Aceitar a aventura significa que o herói admite a nova configuração das coisas e busca mobilizar-se frente a ela. Dependendo das circunstâncias e da intensidade da crise estabelecida, essa mobilização nem sempre é fácil, e raramente o herói completará a jornada sozinho. Em *Tornar-se Pessoa*, por exemplo, Carl Rogers divide didaticamente possíveis fases de um processo terapêutico citando um início tortuoso: "O indivíduo que se encontra neste estágio de rigidez e de distanciamento de sua experiência não virá seguramente de boa vontade à terapia. [...] ele tende a ver--se como não tendo problemas, ou os problemas que reconhece são apreendidos como completamente exteriores a si mesmo" (Rogers, 1985, p. 114). Uma ruptura com o mundo harmonicamente organizado pode ser bastante desagradável e quando falamos, a partir da Análise do Comportamento (Medeiros; Moreira, 2007), que diante de estímulos aversivos o indivíduo tende a emitir respostas de fuga ou esquiva, estamos falando exatamente da dificuldade que o herói tem de se posicionar diante deste novo punitivo, uma vez que se percebe impotente para tal ato.

Considerando que, no contexto da psicologia clínica, a resolução da crise é buscada mediante uma relação concreta entre paciente e terapeuta, vemos a importância não apenas dos encontros, contratos e alianças iniciais, uma vez que a partir delas a mobilização do paciente pode ser catalisada, mas também de toda a gama de instrumentos e intervenções que cada terapeuta, obviamente, disporá à sua maneira.

Todo esse processo é suportado, entre outros, por aquilo que pode ser chamado de enquadramento. Para Kahtuni, o enquadramento é "um conjunto de fatores que delimitam um espaço terapêutico, com certos parâmetros mais ou menos fixos, tais como o lugar, a frequência, duração das sessões, a disposição espacial do paciente e terapeuta, etc." (Kahtuni, 2003, p. 96). Apesar de todo enquadramento psicoterápico sofrer do afastamento da vida cotidiana, é exatamente este fato que permite, por outro lado, que aquilo que surge como impossível de ser solucionado neste cotidiano se relacione a novas possibilidades a partir deste deslocamento. Por isso o herói precisa empreender uma jornada, se aventurar por outras terras, encontrar-se com outros seres, em grutas, montanhas, contextos que não lhe são familiares.

Obviamente, o objetivo de todo terapeuta é proporcionar o máximo de cuidado possível, e parte destas possibilidades se encontra nos alcances e limites de cada técnica. Deseja-se que, no fim de cada jornada, o indivíduo retorne equilibrado e mais forte do que fora outrora e, para isso, cada ajudante no caminho precisa desempenhar magistralmente e exclusivamente o seu papel. Desta forma, os atendimentos clínicos e as intervenções em psicoterapia não pretendem de forma alguma suprir todas as necessidades do indivíduo, muito menos abarcar todo o processo de reestruturação. Se, conscientes de nosso alcance enquanto terapeutas, pudermos dar o melhor de nós em nossas competências, poderemos ser um suporte precioso nesse ciclo, bem maior, de restabelecimento das forças vitais do ser, no qual cada homem busca reencontrar-se, como diz Campbell (1997), com o conhecimento da divindade criadora de vida que, durante a sua vida, esteve refletida no âmago do seu coração.

Considerações finais

É diante do exposto que percebemos, mais uma vez, a complexidade do movimento dinâmico da vida psíquica. Se cada indivíduo se estrutura em um mundo à sua maneira, cada mundo é abalado também por encontros singulares que, por sua vez, exigem jornadas inéditas em busca do equilíbrio perdido. Contudo, se pudermos ver que, muito antes de nossa atenção analítica tomar estes assuntos como objeto, as histórias de *diácrisis* e *syncrisis* do homem e do universo já eram contadas através de mitos e heróis, poderemos buscar nelas dicas preciosas para facilitar nosso encontro com o insólito e extraordinário da vida.

Nesta jornada, onde o mundo real e o fantástico se entrelaçam, entendemos que o psicólogo possui um papel fundamental, uma vez que, diante das crises psíquicas, aparece como um importante guia. Conhecedor dos percursos secretos, possuidor das formulas mágicas e iniciado nos mistérios do mundo mítico, o psicólogo aparece no mundo das histórias como um norte fundamental quando tudo parece perdido. Seu papel é, contudo, o de um coadjuvante, que, embora possua uma história própria como um outro herói, aparece no momento da crise para agregar e facilitar os caminhos do herói principal, aquele que conta sua história nos livros e aos terapeutas.

O processo da jornada é, por vezes, tortuoso. O início desestabilizador pode acompanhar dificuldades que levam o sujeito a dificuldades de engajamento. Uma atenção especial para essas possibilidades pode ser crucial no restabelecimento do equilíbrio perdido, uma vez que se refere ao nível de implicação deste sujeito no processo terapêutico.

Por fim, as possibilidades de intervenção de cada terapeuta são tão infinitas quanto são as jornadas e se baseiam não apenas em seus conhecimentos do mundo psíquico/mítico, mas também na sua capacidade de relacioná-los aos conhecimentos e à história do sujeito/ herói diante de uma crise/aventura, bem como na possibilidade de oferecê-los como ferramentas para o herói em sua busca e aquisição dos poderes necessários para o triunfante retorno anunciado.

Referências

BACHELARD, G. Prefácio. In: DIEL, P. **O Simbolismo na Mitologia Grega**. São Paulo: Attar Editorial, 1991.

CAMPBELL, J. **O herói de mil faces**. São Paulo: Cultrix, 1997.

FERREIRA, A. B. de H. **Novo Dicionário da Língua Portuguesa**. 2. ed. Rio de Janeiro: Nova Fronteira, 1986

FREUD, S. **O caso Schreber, artigos sobre técnica e outros trabalhos**. Rio de Janeiro: Imago, 2006a.

_____. **Sobre a psicopatologia da vida cotidiana**. Rio de Janeiro: Imago, 2006b.

HOLANDA, T. C. M.; SAMPAIO, P. P. (org.). **Psicoterapia breve-focal**: teoria, técnicas e casos clínicos. Fortaleza: Universidade de Fortaleza, 2012.

KAHTUNI, H. C. **Psicoterapia breve psicanalítica**: compreensão e cuidados da alma humana. São Paulo: Editora Escuta, 2003.

MEDEIROS, C. A.; MOREIRA, M. B. **Princípios Básicos de Análise do Comportamento**. Porto Alegra: Artmed, 2007.

PASSOS, E.; RABELO, J. S. **Erikson e a Teoria Psicossocial do Desenvolvimento**. Disponível em <https://goo.gl/UCmvRx>. Acesso em: 30 ago. 2014.

ROGERS, C. **Tornar-se pessoa**. Rio de Janeiro: Martins Fontes, 1985.

SANTOS, M. F. dos. **Filosofia da crise**. São Paulo: Logos, 1959.

Capítulo 7
CONVERSAS COM O CAOS DE SI: UM RETORNO ÀS ORIGENS?[1]

Rodrigo de Castro Oliveira

Este estudo pretende relevar a importância da vivência do momento de crise psíquica como uma possível ferramenta de desenvolvimento da personalidade, permitindo uma reorientação de sentido teleológica, própria do indivíduo e em consonância com seu meio, esse último não entendido apenas como as pessoas que o compõem, mas também como uma organicidade de seres, objetos e condições que interagem no espaço-tempo.

Dessa maneira, visará esclarecer esse trabalho que o momento de crise, abordada, por exemplo, na teoria da crise discutida por Caplan, Erikson e Simon (apud Holanda, 2012), oportuniza ao sujeito uma reelaboração do seu *modus operandi*, podendo ele estabelecer um diálogo consigo próprio, muitas vezes silenciado pelas contingências do cotidiano. Desta feita, trataremos também do conceito de complexo e sua consequente importância para o desenvolvimento da personalidade, abordado e discutido amplamente por cientistas como Jung (1986 e 1991) e Jacobi (1995), notória estudiosa desse último.

Quanto à importância da vivência do Complexo para a saúde psíquica, Jolande Jacobi destaca, a partir de Jung, que "Não são os sonhos, como entendeu Freud, a 'via régia' para o inconsciente, mas os complexos" (1995, p. 16), tratando-o a partir da ótica que esse constitui em um agrupamento de ideias de acento emocional no inconsciente, que, dependendo da sua intensidade e do contexto em que está exposto, pode ganhar força e manifestar-se na psique consciente, gerando no indivíduo novas e pontuais necessidades:

---

1. Trabalho realizado sob orientação do Prof. PhD. Carlos Velázquez, coordenador do Movimento Investigativo Transdisciplinar do Homem – MITHO, Universidade de Fortaleza (Unifor).

> Cada complexo é constituído, segundo definição de Jung, primeiro de um "elemento nuclear" ou "portador de significado"; estando fora do alcance da vontade consciente, ele é inconsciente e não-dirigível; em segundo lugar, o complexo é constituído de uma série de associações ligadas ao primeiro e oriundas, em parte, da disposição original da pessoa, e, em parte, das vivências ambientalmente condicionadas do indivíduo [...] os complexos tornam-se posteriormente capazes de fazer aberta oposição às intenções do "eu" consciente, de romper a sua unidade, de se separar e se comportar como se fosse um corpo estranho, um *corpus alienum* vivo. (Jacobi, 1995, p. 18)

A partir da vivência de tais complexos, como acima exposto, o indivíduo terá de se apropriar das novas demandas que dele surgirão, sob o risco de sucumbir a tal fenômeno, caso as denegue sistematicamente.

Metodologia

A metodologia utilizada nesse trabalho é de indução analítica de base bibliográfica e pesquisa qualitativa de paradigma junguiano.

A perspectiva simbólica arquetípica como forma de compreensão da realidade, a investigar fenômenos nos contextos individual e coletivo, através da observação e auto-observação. Esta toma como premissas a pluralidade de pontos de vista, a diversidade de epistemologias e métodos, a aceitação de paradoxos e contradições, a inevitabilidade de imprecisão e incerteza, a ênfase na relatividade dos parâmetros e na polivalência de significados, a concepção de verdade transitória e relativa, a valorização do autoconhecimento e, por conseguinte, da subjetividade na aquisição e na produção de conhecimento e integração da individualidade na coletividade. O método de investigação da Psicologia Analítica compreende, então, características do pensamento dialético, fenomenológico, hermenêutico, associativo, analógico e imagético, se caracterizando pelo processamento simbólico do material pesquisado, utilizando-se da amplificação simbólica como meio através do qual os aspectos desconhecidos do símbolo se tornam conhecidos (Penna, 2004).

Discussão

O livro *Cartas a um Jovem Poeta* trata da troca de correspondências entre o famoso poeta alemão Rainer Maria Rilke (que viveu de 1875 a 1926) e Franz Xaver Kappus, um aspirante a poeta. Esse último, vivendo uma crise em relação ao seu ofício, sentindo que suas atividades iam contra suas inclinações mais íntimas, resolve mandar suas tentativas poéticas para o renomado artista de Praga, do então império austro-húngaro. O trecho a seguir trata da resposta de Rilke para o angustiado aspirante:

>Prezado senhor, sua carta só me alcançou há poucos dias. Quero lhe agradecer por sua grande e amável confiança. Mas é só isso o que posso fazer. Não posso entrar em considerações sobre a forma dos seus versos; pois me afasto de qualquer intenção crítica. Não há nada que toque menos uma obra de arte do que palavras de crítica: elas não passam de mal-entendidos mais ou menos afortunados. As coisas em geral não são tão fáceis de aprender e dizer como normalmente nos querem levar a acreditar; a maioria dos acontecimentos é indizível, realiza-se em um espaço que nunca uma palavra penetrou, e mais indizíveis do que todos os acontecimentos são as obras de arte, existência misteriosa cuja vida perdura ao lado da nossa, que passa.
>
>Feita essa observação prévia, posso lhe dizer ainda que seus versos não possuem uma forma própria, mas apenas indicações silenciosas e veladas de personalidade. Sinto esse tipo de indicação de modo mais claro no último poema, "Minha alma". Ali, algo de próprio quer ganhar expressão. E no belo poema "A Leopardi" talvez se desenvolva uma espécie de afinidade com aquele grande solitário. Apesar disso, os poemas ainda não são independentes, não tem autonomia, mesmo o último e o dedicado

a Leopardi. Sua carta amável que os acompanha não deixou de me esclarecer alguma insuficiência que senti ao ler seus versos, sem no entanto ser capaz de designá-la pelo nome. (Rilke, 2013, p. 23-24)

E, por fim, Rilke expõe sua provocação:

O senhor pergunta se os seus versos são bons. Pergunta isso a mim. Já perguntou a mesma coisa a outras pessoas antes. Envia seus versos para revistas. Faz comparações entre eles e outros poemas e se inquieta quando um ou outro redator recusa suas tentativas de publicação. Agora (como me deu licença de aconselhá-lo) lhe peço para desistir de tudo isso. O senhor olha para fora, e é isso sobre tudo que não devia fazer agora. Ninguém pode aconselhá-lo e ajudá--lo, ninguém. Há apenas um meio. Volte-se para si mesmo. Investigue o motivo que o impele a escrever; comprove se ele estende as raízes até o ponto mais profundo do seu coração, confesse a si mesmo se o senhor morreria caso fosse proibido escrever. Sobretudo isto: pergunte a si mesmo na hora mais silenciosa de sua madrugada: *Preciso* escrever? Desenterre de si mesmo uma resposta profunda. E, se ela for afirmativa, se o senhor for capaz de enfrentar essa pergunta grave com um forte e simples "preciso", então construa sua vida de acordo com tal necessidade; sua vida tem de se tornar, até na hora mais indiferente e irrelevante, um sinal e um testemunho desse impulso. Então se aproxime da natureza. Procure, como o primeiro homem, dizer o que vê e vivencia e ama e perde. (Rilke, 2013, p. 24-25)

A resposta de Rilke implica o seu interlocutor a buscar o que há de mais "íntimo" em si e extrair dali a resposta que procura. Jung (1991), ao tratar da arte não objetiva, salienta essa extração de conteúdos a partir de não mais uma correspondência com os conteúdos da consciência. Esses cada vez mais se afastam do objeto empírico, em direção àqueles elementos que não correspondem mais a nenhuma experiência externa, mas da psique inconsciente, desse íntimo, que afeta a consciência "por trás e por dentro", em contrapartida ao mundo externo, que atinge "pela frente e por fora" (Jung, 1991, p. 120).

A elaboração de tais conteúdos torna-se um método de expressão. Ao trazer para a consciência os conteúdos inconscientes, aumenta-se consequentemente a compreensão dos mesmos. Assim, essas representações do inconsciente trazem consigo elementos de potencial simbólico, que tentam expressar algo para o qual ainda não existe conceito verbal e "indicam da melhor maneira possível, e de forma aproximada, um sentido que, por enquanto, ainda é desconhecido" (Jung, 1991, p. 120).

Convém lembrar que Kappus, ao consultar Rilke, parte de uma necessidade perturbadora, que evidencia um conflito entre seus processos internos com aquilo que seu meio proporcionara-lhe até então. Essa tentativa de buscar o que há de mais profundo em si, descobrir o que havia em suas profundezas, acerca de si e de seu meio, exigiria um esforço, mas, ao mesmo tempo, desvelaria um conhecimento peculiar, originário: "E se, desse ato de se voltar para dentro de si, desse aprofundamento em seu próprio mundo, resultarem versos, o senhor não pensará em perguntar a alguém se são bons versos. [...], pois verá neles seu querido patrimônio natural, um pedaço e uma voz de sua vida" (Rilke, 2013, p. 26).

O momento de abalo psíquico de Kappus é peculiar e ao mesmo tempo comum e foi a partir dessa crise que se iniciou uma tentativa de revisão de sua vida.

Etimologicamente, a palavra *crise* deriva do latim *crisis* e do grego *krisis*. Ambos os idiomas derivam do tronco Indo-Europeu, que serviu de base para a constituição cultural da antiga Grécia, berço da atual civilização ocidentalizada (Brandão, 1993). A partir desse tronco, a palavra crise remete a *krei* ou *krinein*. Em todos os casos, a palavra crise tem uma significação aproximada de "julgamento, seleção, resultado de uma avaliação, separação, decisão, discriminação, distinção", entre outros.

O que pode aparentar uma contradição, que a crise seja uma oportunidade de reinvenção, pode ser visto com naturalidade se considerarmos o pensamento oriental. De acordo com Jung (2002), nos seus *Estudos Alquímicos*, o próprio paradoxo é, em si, uma via para o entendimento real e efetivo: "O oriente nos ensina outra forma de compreensão, mais ampla, mais alta e profunda – a compreensão mediante a vida" (Jung, 2002, p. 17). Essa aparente ambiguidade caracteriza uma maneira de como o pensamento oriental busca sua forma de conhecimento da realidade.

Retornando à ciência alquímica, um paralelo ocidental estabelecido pelo autor da concepção aqui citada encontra-se nos estudos sobre a *alquimia*. Assim como o pensamento oriental, a alquimia também aborda a união de elementos antagônicos. Esse processo é denominado *coniunctio* (conjunção). Diante disso emergem os elementos simbólicos, que comunicam algo das profundezas da psique humana. Nas palavras do autor:

> Sua figura principal (da alquimia) é Hermes, isto é, Mercurius em seu duplo sentido de mercúrio (metal) e alma do mundo, acompanhado pelo Sol, ou seja, o ouro e pela lua, ou seja, a prata. A operação alquímica consistia essencialmente numa separação da matéria do assim chamado caos, no princípio ativo, isto é, a alma, e no princípio passivo, isto é, o corpo, os quais posteriormente se reunificavam sob a forma personificada da *"coniunctio"* [...] a união ritual do Sol e Lua. Dessa união nascia o *filius sapientiae*, ou philosophorum. (Jung, 2002, p. 125, grifo nosso)

O grifo em itálico destaca o termo que, ao ser traduzido para o português, significa, como aparenta, filósofo. Ao nos depararmos com alguns estudiosos da teoria da crise, popularizada por Caplan e sedimentada por Erikson e Simon (apud Holanda, 2012), objetiva-se tornar possível que a crise seja como um campo fértil, onde a partir da interação dela com o indivíduo se extraiam elementos valiosos para o crescimento pessoal e para que, da "aparente contradição" entre a pessoa e sua situação crítica, surja um "filósofo", um conhecedor de si.

Jung (1991) elabora, a partir dos pressupostos citados, o *princípio da sincronicidade*, que seria uma tentativa de readaptação ocidental da perspectiva oriental da visão dos fenômenos. Tendo em vista que a visão ocidental leva em consideração o princípio da causalidade, esta se torna insuficiente diante dessa outra possibilidade:

> Precisamos de uma vida tridimensional, se quisermos vivenciar a sabedoria chinesa. Para tanto precisaríamos, em primeiro lugar, da sabedoria europeia sobre nós mesmos. [...] Como sabemos, Wilhelm traduziu o termo *Tao* por sentido. Transpor para a vida esse *sentido*, ou seja, realizar o *Tao* [...]. Entretanto, *o Tao* não se realiza por palavras ou bons ensinamentos. Saberemos com certeza como ele surge entre nós ou ao nosso redor? Seria por imitação? Ou seria pela razão? Ou ainda pela acrobacia da vontade? (Jung, 1991, p. 50)

Jung (1986) salienta que a personalidade já existe no indivíduo desde a sua infância, não cabendo apenas, em primeira instância, ao âmbito do desejo desenvolvê-la, mas sim de uma necessidade premente. Sem essa última, o desenvolvimento da personalidade correria o risco de ser fruto de um individualismo, uma acrobacia da vontade. Essa necessidade, que tem a força de uma lei, remete a um conceito abordado por esse autor, o de *pístis*.

Pístis deriva do grego e tem como sentido específico "confiança, lealdade repleta de confiança" (Jung, 1986, p. 179). Essa se dá através da necessidade de seguir a sua própria lei e ter-lhe fidelidade. No entanto, essa lei, ao mesmo tempo em que é elaborada individualmente, está em relação direta com o meio que a circunda. Trata-se de uma decisão consciente e moral, como é exposto no trecho a seguir: "Personalidade é a obra a que se chega pela máxima coragem de viver, pela afirmação absoluta do ser individual, e pela adaptação, a mais perfeita possível, a tudo que existe de universal, e tudo isto aliado à máxima liberdade de decisão própria" (Jung, 1986, p. 177).

Nessas circunstâncias, a necessidade tange para que não seja uma mera questão de vontade, e a decisão consciente para que não seja um automatismo indistinto. Outras direções aproximariam a atitude de um individualismo ou de uma convenção, seja essa última de natureza moral, social, política, filosófica e/ou religiosa. Compreendendo então que esses dois extremos tratam do mesmo, no individualismo, o indivíduo segue sua própria lei, de forma que esta não possui uma suficiente relação com o meio circundante, sendo, portanto, uma lei estritamente particular, com caráter dissociativo, pois favorece o indivíduo em detrimento do coletivo. Enquanto que, na convenção, trata-se de um coletivismo, onde há uma sujeição desse indivíduo à lei, mas essa sujeição ocorre sem que haja uma suficiente elaboração do indivíduo em relação a esse princípio que o rege, formando assim uma convenção estéril. O prosperar dessas convenções reflete um sintoma, uma neurose, sendo assim vazia em seu estado atual, pois não há expressividade suficiente dos indivíduos que a compõem. Em ambos os casos, há um comprometimento do desenvolvimento da personalidade, pois não há um diálogo real do indivíduo com sua(s) necessidade(s), impossibilitando a conjunção dele com o seu meio e/ou situação (Jung, 1986).

O trato com a personalidade, então, leva a um sentido próprio ao lidar tanto com os conteúdos conscientes quanto com os inconscientes, e a força da *pístis* refletirá justamente a veracidade dessa relação, pois, na medida em que os conteúdos inconscientes são apreendidos, a validade universal dessa lei é progressivamente desvelada e aplicada, como afirma Jung (2004, p. 154):

> A individualidade é uma tendência ou sentido de desenvolvimento [...] é o que é singular no indivíduo; por um lado é determinada pelo princípio da singularidade e da diferenciação e por outro pela necessária pertinência à sociedade. O indivíduo é um membro imprescindível do contexto social.

A relação entre conteúdos conscientes e inconscientes é de natureza compensatória (Jung, 2000, p. 6) e é a partir dessa que se originam os complexos. Esses possuem diversos graus de autonomia, podendo estar na estrutura geral do inconsciente sem ser notado, agindo como um perturbador da ordem estabelecida, ou, até mesmo, ter aberto um caminho para o interior do consciente, podendo rivalizar com o mesmo ou suplantá-lo. Jung ilustra esse cenário da seguinte forma: "Hoje em dia cada qual sabe que temos complexos, mas que os complexos nos tem é menos conhecido" (Jung apud Jacobi, 1995, p. 19). Sobre a atitude complementar e compensatória do inconsciente para com o consciente e a relação desses com os complexos:

> Eles (os complexos) "se despojam do seu revestimento mitológico, aguçam-se personalisticamente e, caindo no processo adaptador do consciente, racionalizam-se de uma forma que torna possível uma discussão dialética". Do ponto de vista funcional, pode-se dizer que a dissolução de um complexo e a sua digestão emocional, isto é, a sua conscientização, apresenta sempre, como consequência, uma redistribuição da energia psíquica. É que essa energia, até então aprisionada no complexo, pode, em seguida, fluir e ocupar novos conteúdos, e dessa forma, produzir uma situação nova e mais útil ao equilíbrio psicológico. (Jacobi, 1995, p. 20-21)

Jung acentua expressamente que os complexos, enquanto ainda são inconscientes, podem certamente se enriquecer com associações e ganhar uma expressão cada vez maior; no entanto, jamais poderão ser corrigidos. Eles só perdem o caráter influenciável e forte de um autômato quando são tornados conscientes, processo que faz parte dos mais importantes fatores terapêuticos. Proporcionalmente à distância a que estão do consciente, os complexos adquirem, pelo enriquecimento dos seus conteúdos no inconsciente, um caráter arcaico-mitológico e, com isso, uma crescente numinosidade. O numinoso é um termo e categoria *sui generis* formulado por Rudolf Otto (2005) para designar, grosso modo, um aspecto originário e fundamental, de grande valor psíquico e que escapa às racionalizações. Assim, algo fora do alcance do arbítrio consciente, submergindo o indivíduo em comoção, isto é, em devoção inerte.

O comportamento da consciência que tende ao reconhecimento do complexo leva em consideração as faculdades racionais e irracionais concomitantemente, favorecendo os complexos a serem passíveis de correção e transformação. Desfaz, a partir de tal disposição, o nódulo associativo, assimilando a descoberta por meio da vivência direta e gerando elementos para posterior elaboração, reabrindo agora o fluxo energético que havia sido represado pelo desconhecimento do complexo (Jacobi, 1995).

Desta situação decorre a possibilidade de apropriar-se do material significativo que estava preso no inconsciente e com ele construir uma solução que, no momento de crise, parecia inexistente para o sujeito. É destarte que se libera uma potencialidade criativa, da *coniunctio* entre indivíduo e situação crítica.

Considerações finais

A irrupção na consciência de conteúdos do inconsciente, sejam esses marcados por acontecimentos "internos ou externos", pode levar um indivíduo a um enfrentamento de sérias dificuldades. A procura por um processo psicoterápico, por exemplo, é envolta comumente por uma ocasião em que há algum elemento de difícil resolução no transcorrer de quem o vive. A passagem pela crise situa-se, muitas vezes, em um âmbito aversivo.

O Eu é visto, a partir desse ponto de vista, como um complexo central, sendo a totalidade da psique constituída também por outros complexos. Esse complexo, o consciente, é, assim, aquele que envolve elementos em que há uma identificação egoica, sendo os outros relegados à esfera da inconsciência. Os outros complexos agem entrando em contato, a partir de seu potencial energético e condição de se constelar, com o complexo consciente e, desse modo, abrem caminho para se tornarem conscientes. No entanto, esses também podem existir sem entrar em associação com o complexo do Eu, atuando de um modo geral imperceptivelmente, até que alguma resolução possa ocorrer, desencadeando processos que possibilitem a constelação e transformação do mesmo.

No entanto, a perspectiva da conjunção dos elementos (*coniunctio*), o encontro entre conteúdos conscientes e inconscientes, possibilita um desenvolvimento valioso ao indivíduo, pois sua nova situação o impele a criar. Esse processo não se dá de maneira aleatória, pois aqueles conteúdos que emergem partem do âmago do próprio indivíduo e são dotados de um elemento nuclear portador de significado. Há nesses conteúdos, portanto, um outro aspecto de si mesmo até então não consciente, mas que o condiz impreterivelmente. Esse diálogo consigo, com um "outro eu" até então inconsciente, proporciona a integração progressiva de tais conteúdos e a consequente assimilação do sentido que esses trazem.

Referências

BRANDÃO, J. de S. **Mitologia Grega**. Petrópolis-RJ: Editora Vozes, 1993.

JACOBI, J. **Complexo, Arquétipo, Símbolo, na psicologia de C. G. Jung**. São Paulo: Cultrix, 1995.

JUNG, C. G. **Desenvolvimento da Personalidade**. Petrópolis-RJ: Editora Vozes, 1986.

_____. **O Espírito na Arte e na Ciência**. Petrópolis-RJ: Editora Vozes, 1991.

_____. **A Natureza da Psique**. Petrópolis-RJ: Editora Vozes, 2000.

_____. **Estudos Alquímicos**. Petrópolis-RJ: Editora Vozes, 2002.

_____. **O Eu e o Inconsciente**. Petrópolis-RJ: Editora Vozes, 2004.

OTTO, R. **O Sagrado**. Liboa/Portugal: Edições 70, 2005.

PENNA, E. M. D. O Paradigma Junguiano no contexto da Metodologia Qualitativa de Pesquisa. **Psicologia USP**, São Paulo, v. 3, n. 16, p. 71-94, 2004.

RILKE, R. M. **Cartas a um jovem poeta**. Porto Alegre: L&PM, 2013.

SAMPAIO, P. P.; HOLANDA, T. C. M. **Temas em Psicologia II**. Fortaleza: Universidade de Fortaleza, 2012.

Capítulo 8
BREVE ANÁLISE DE ENTIDADES MÍTICAS, SÍMBOLOS E NARRATIVAS DO SACRIFÍCIO[1]

Paula Viana Mendes

A prática do sacrifício nas civilizações antigas e atuais nos provoca espanto e admiração. Seja o objeto sacrificado material, como joias e tesouros, ou natural, como plantas ou animais, chegando aos domínios da vida humana, jovens virgens e crianças pré-púberes, muitas culturas documentadas oferecem aos Deuses suas primazias, os seus melhores indivíduos, os seus objetos mais valiosos.

Podemos definir inicialmente o sacrifício como uma troca entre energias para estabelecer ou restabelecer a harmonia do Cosmos. Exploraremos mais sobre essa questão. Por ora, estabelecemos que a análise de temas mitológicos como o do sacrifício nos remete à manutenção de uma "balança cósmica equilibrada". Dar e receber, tirar e repor, assumir uma responsabilidade perante a existência das plantas, dos animais e reatualizar sempre que necessário o Cosmos.

A palavra sacrifício tem sua raiz na língua latina *"sacer"*, que significa **sagrado** e *"facere"*, que significa **fazer**; é, portanto, ao pé da letra um "fazer sagrado", ou ainda, a ação de tornar algo sagrado. A mesma raiz *"sacer"* está presente também na palavra sagrado, sacramento e sacrilégio. É sobre esta possibilidade de **tornar sagrado** que este capítulo investiga. O que é sacrificar e em que contexto o homem, nas sociedades tradicionais, sacrificava?

O método utilizado foi a Indução Analítica de base bibliográfica e documental de textos que descrevem ritos sacrificiais e narrativas cosmogônicas de diversas culturas, norteadas pelas teorias do historiador das religiões Mircea Eliade e pelos Dicionários de Símbolos apontados na bibliografia.

---
1. Trabalho realizado sob orientação do Prof. PhD. Carlos Velázquez, coordenador do Movimento Investigativo Transdisciplinar do Homem – MITHO, Universidade de Fortaleza (Unifor).

Por que praticamos o sacrifício?

O sacrifício, como era praticado na Antiguidade, é algo que nos fascina, maravilha e assombra. O ato de sacrificar constitui uma modalidade ritualística de interação do ser humano com o mundo espiritual. O autor Mircea Eliade (2001) explica que faz parte do desejo do ser humano arcaico situar-se no sagrado e que o sagrado é percebido pelo ser humano porque ele se manifesta. Os povos primitivos sabem o que é a realidade natural, porém, reconhecem na manifestação do sagrado uma realidade inteiramente diferente desta, pois ele se diferencia de modo absoluto de tudo aquilo que é profano, da realidade comum, corriqueira.

Para Eliade (2001), o termo **hierofania** designa a manifestação do sagrado na realidade comum. Da raiz grega *hieros*, "sagrado" e *faneia*, "manifesto", significa ao pé da letra **sagrado manifesto**. Segundo ele, toda hierofania, da mais simples à mais complexa, une uma realidade que não pertence a este mundo a um objeto, que nem por isto deixa de ser um objeto físico e material. Uma pedra sagrada, ainda utilizando-me dos exemplos fornecidos por este autor, é sagrada aos olhos do religioso enquanto hierofania, isto é, enquanto manifestação de um aspecto divino, mas é aos olhos do não religioso uma simples pedra, um objeto profano.

Ao se tornar sagrada, a pedra torna-se, também, outra coisa e, no entanto, continua sendo ela mesma. Assim, toda a natureza é suscetível de tornar-se sagrada, toda a natureza se constitui enquanto veículo para a manifestação da energia divina.

O sagrado e o profano, portanto, constituem-se como duas modalidades de ser no mundo. No primeiro, busca-se, através de cada ato, uma comunhão com o modo sagrado de entender a vida. Os atos mais simples aos mais complexos da vida humana podem vir a tornar-se um sacramento: da fundação de uma cidade, da construção de uma casa, da experiência do Tempo, da própria consagração da vida humana, do emprego de utensílios e do trabalho que se exerce, das funções vitais, como a alimentação e a forma como é vista a sexualidade, tudo em resumo pode, potencialmente, tornar-se uma imagem do modelo divino.

O modelo divino, por sua vez, é fornecido pelos mitos. Para o modo de pensar mitológico, todo ofício humano tem por modelo uma história mítica que narra o modo como este ofício foi realizado pela primeira vez num Tempo Primordial, por uma divindade ou entidades sobrenaturais. Assim, nesta busca constante por um fazer exemplar através da mimese, é que se encontra nas narrativas cosmogônicas o modelo por excelência, por serem estas as narrativas que contam o maior ato criativo divino: a criação do Mundo.

Todo ato de criação, portanto, tem por modelo a criação cosmogônica. Toda a tentativa de tornar um espaço sagrado e sacralizar um objeto, ou um comportamento, tem por modelo aquilo que foi feito no momento da criação suprema. Eliade (2001) explica que há vários modelos de Cosmogonia, mas propõe em *O Sagrado e o Profano*[2] a análise de dois: no primeiro, assimila-se o Cosmos pela projeção dos quatro pontos cardeais a partir de um ponto central e no segundo, repete-se, ritualisticamente, o sacrifício inicial dos Deuses de um Dragão marinho ou Gigante primordial, cujo corpo veio a tornar-se o Mundo, dando também origem às plantas alimentares, às raças humanas e às diferentes classes sociais.

É a este segundo modelo que darei maior atenção, pois o sacrifício do Gigante ou monstro marinho foi o primeiro sacrifício e, portanto, o modelo exemplar desta ação nas culturas humanas. Como primeiro sacrifício praticado, a morte e o esquartejamento do Gigante ou Dragão são o modelo no qual as práticas sacrificais se espelharam. A morte sangrenta e violenta do Ser primordial simboliza a transferência de energia necessária para a criação do mundo.

Todo o ato de cosmização implica nesta separação do espaço caótico do espaço cósmico. Isto é: essencialmente, sacralizar um espaço é repetir a ação dos Deuses no momento da criação do Mundo. É gerar um ponto de referência no espaço caótico de onde a vida se desenvolverá, formando o espaço cósmico.

---
2. Em outras obras, Eliade trata de outros modelos.

> O que caracteriza as sociedades tradicionais é a oposição que elas subentendem entre o território habitado e o espaço desconhecido e indeterminado que o cerca: o primeiro é o "mundo", mais precisamente, "o nosso mundo", o Cosmos; o restante já não é um Cosmos, mas uma espécie de "outro mundo", um espaço estrangeiro, caótico, povoado de espectros e demônios, "estranhos" (equiparados, aliás, aos demônios e às almas dos mortos). À primeira vista, essa rotura no espaço parece conseqüência da oposição entre um território habitado e organizado, portanto "cosmizado", e o espaço desconhecido que se estende para além de suas fronteiras: tem-se de um lado o "Cosmos" e de outro um "Caos". (Eliade, 2001, p. 32-33)

É desta relação entre Caos e Cosmos que tratam as Cosmogonias. E o que esse modelo implica, essencialmente, é a vitória da Ordem sobre a massa caótica inicial. Ele será repetido sempre que a ordem for vista como ameaçada, diante dos começos e fins de ciclos temporais, no Ano Novo, na agricultura, nos reinados e diante de toda a possibilidade de reatualização da realidade.

Se tornar algo sagrado é tornar este algo uma imagem microcósmica e contemporânea da criação original do Mundo, o sagrado se difere do profano na medida em que o primeiro é associado ao Cosmos, à ordem, e o segundo ao Caos, ao indiferenciado, à relatividade sem fim, sem um ponto de referência. Consagrar é, portanto, recriar o Cosmos, tornar-se contemporâneo do seu momento de origem; é "imitar" os Deuses em seu momento hierofânico supremo e mais poderoso.

O conceito de sacrifício encerra em si a ideia de tornar sagrado através da vitória do Cosmos sobre o Caos, da troca energética realizada entre o objeto sacrificial e o mundo espiritual e da possibilidade de representação do modelo divino que o objeto passará a encarnar.

De acordo com Chevalier e Gheerbrant (1988), a forma do símbolo aparece inteira em sua concepção no objeto sacrificial, visto que este é um bem material que incorpora um bem espiritual, isto é, que passa a ser uma manifestação dos extremos, celeste e terrestre. Originalmente o objeto do sacrifício pertence ao mundo profano, mas através do ato do sacrifício torna-se sagrado, característica esta inalienável, sendo a razão para que o objeto seja destruído, queimado ou, ainda, seja mantido intocável.

A escolha do objeto sacrificado é de vital importância. Dentre os povos antigos que praticaram o sacrifício, o objeto sacrificial nunca era um objeto qualquer. Era sempre algo de valor. O sacrifício representa a renúncia dos vínculos terrestres e a troca energética com a energia criadora do Mundo. Quanto mais o objeto encerra em si a capacidade de representar a energia criadora, quanto de maior valor, ou mais perfeito for, maior será a troca. É um mecanismo de compensação, onde se encerra a ideia de dar algo valoroso para receber algo valoroso.

Se o sacrifício é animal, deve-se ofertar o melhor animal, aquele que se destaca por conta da sua saúde e dos valores simbólicos que lhe são atribuídos; se são utilizadas plantas e frutos, deve-se buscar as melhores plantas e aquelas consideradas mais valorosas, mais poderosas. Se for de uma pessoa, esta deve ser virtuosa ou possuir qualidades físicas que lhe tornem valorosa, como a virgindade, por exemplo. Este também é o caso do sacrifício de crianças que ainda não atingiram a puberdade. É a qualidade específica e o desempenho perfeito de uma função social que qualifica um ser humano como oferta sacrificial.

No caso do Cristianismo, Jesus Cristo, em sua qualidade de Filho de Deus ou, ainda, de Deus feito carne, é o símbolo máximo da ideia de troca energética valorosa entre a humanidade e Deus, uma vez que sua morte na cruz possibilita a redenção da vida humana; redenção esta que só o sacrifício de Deus feito homem poderia possibilitar, visto que o sacrifício de Jesus traz redenção ao mundo dos homens por uma dívida adquirida desde o tempo da expulsão de Adão e Eva do Paraíso.

É nesta possibilidade de tornar algo material um veículo para uma expressão espiritual maior, e na relação que se estabelece entre matéria e espírito, que reside parte do valor do ato sacrificial. É uma busca pelo equilíbrio, símbolo do reconhecimento humano do poder divino.

O sacrifício nas mitologias

Na Grécia, como em outros cantos do mundo, fazia-se ainda uma distinção quanto à cor, no caso dos animais. Os de cor clara eram sacrificados em nome dos Deuses celestes, uranianos, solares; os de cor escura aos Deuses ctônicos, lunares, infernais. No primeiro caso, apenas partes do animal eram oferecidas aos Deuses, uma vez que Prometeu, no início dos tempos, enganou Zeus quando este estava por decidir que parte do animal sacrificado caberia aos humanos e que parte caberia aos Deuses. Porém, quanto aos animais sacrificados aos Deuses infernais, toda a vítima passa a pertencer àquele ao qual foi imolado.

De acordo com Chevalier e Gheerbrant (1988), na Irlanda, tanto a entronização quanto a substituição de um rei está ligada a atos sacrificais. Na ocasião da posse de um trono, sacrificava-se uma égua e na ocasião do fim de um reinado, o rei era afogado no vinho ou na cerveja, ou morria por algum ferimento, e seu palácio era incendiado. Tanto nas culturas celtas como nas culturas nórdicas, em realidade, observa-se que os sacrifícios relacionados ao fogo, ao afogamento e ao enforcamento eram considerados como nobres e sagrados, sendo um dos atos de autoimolação mais conhecidos o do Deus nórdico Odin, que se sacrifica na Árvore do Mundo, Yggdrasil, com uma lança atravessada em seu corpo e "enforcado" de cabeça para baixo.

O Deus passa nove dias e nove noites neste estado para alcançar a habilidade de atravessar fronteiras entre a vida e a morte. Odin também sacrifica um olho (a razão) que é colocado na fonte guardada pela cabeça do Deus Mimir nas raízes de Yggdrasil. A fonte de Mimir é, segundo Mirella Faur (2007), a representação da memória ancestral, repositório de todos os conhecimentos antepassados. A morte de Odin é uma morte tripla: pela lança, pela forca e pela fogueira e seus seguidores reviviam seu sacrifício na busca pela sabedoria.

Odin "entrega seu ser a ele mesmo" (Odhinn gives his self to himself): ele mergulha no escuro reino de Hel (o inconsciente, a morte xamânica) e, num lampejo de consciência expandida, alcança o mistério das runas. **É nessa fusão da luz com a escuridão, do consciente com o inconsciente, que nasce a essência supraconsciente de Odin, que transpõe a sabedoria assim alcançada para o código rúnico.** Sua dádiva para a humanidade foi tornar compreensíveis os mistérios cósmicos os quais ele teve acesso, revelando nos símbolos das runas, no dom da poesia, na eloqüência da linguagem e na habilidade artística. Odin torna-se, assim, o **Mestre da Inspiração**, o **Senhor da Sabedoria Mágica**, que ele revela aos buscadores ao conduzí--los pelos vários estados de consciência. (2007, p. 82)

Na mitologia nórdica, a runa que representa a troca energética e as graças obtidas através de atos sacrificais é Gebo, representada por duas vigas que se cruzam, assemelha-se à letra "X", símbolo de duas forças que se atravessam. Gebo é a runa de todos os atos sacrificais, das conexões entre a humanidade e a divindade, da generosidade, da harmonia e do equilíbrio.

A "cruz" presente na representação ideográfica de Gebo, as vigas que se cruzam, retrata o sacrifício voluntário e guarda relação com a suástica, símbolo presente praticamente de forma universal nas culturas do mundo e cujo um dos significados é o da cruz em movimento e a união entre o Céu e a Terra.

Gebo é também a runa da compensação do *wyrd* ou "teia", que representa na cultura nórdica uma noção semelhante à do karma védico: a ideia de proporção entre aquilo que damos nas nossas ações perante o universo e aquilo que recebemos. Também encontramos o conceito de que para manter o equilíbrio energético é preciso repartir, doar generosamente, oferecer, mostrar gratidão. Os nórdicos viam na generosidade uma prova do status social e trocavam insígnias gravadas com esta runa para formar alianças, pactos e amizades. Enfim, Faur (2007) fornece mais uma ideia associada a esta runa: a de que sua finalidade mágica é reconciliar as forças opostas e complementares.

No nível esotérico, Gebo representa os dons dados à humanidade pelas divindades e a retribuição feita pelos homens (dedicação, lealdade, fé, serviço, sacrifícios: de tempo, de energia, do comodismo). O "sacrifício" mencionado não é uma autonegação ou flagelação como no cristianismo, mas um ato espontâneo e voluntário de entrega a um ideal transcendental ou a uma missão espiritual que leve à expansão da consciência. Doar-se no sentido místico é um ato que leva à dissolução das barreiras entre o doador, a oferenda e o receptor, efetivando a entrega do Ego à consciência divina (o Eu Superior), em uma profunda e total união. (Faur, 2007, p. 170)

Além da história da autoimolação do Deus Odin, encontramos também nos mitos dos Deuses Tyr, Freiya, Frey, Forseti e Mimir a amplitude do significado do sacrifício para os povos nórdicos. Tyr é um Deus regente das guerras, da ordem e dos juramentos. De acordo com Mirella Faur (2007), Tyr foi provavelmente a divindade suprema dos nórdicos antes de Odin. É uma divindade antiga, cuja origem se perde nos tempos e que, embora seja associado às batalhas e seja tido como um Deus da guerra, não possui um aspecto violento, como o Ares grego, resolvendo as disputas através das assembleias, do duelo, da lei e da ordem. É o Deus dos juízes e conselheiros, da honestidade e da resolução "limpa" nas disputas.

Sua ligação com o sacrifício demonstra justamente esta questão. Como Deus regente dos juramentos, teve de cometer um perjúrio para aprisionar o lobo Fenrir, filho de Loki. Fenrir crescia destrutivamente em Asgard, mas nenhum Deus queria enfrentá-lo ou convidar-lhe para deixar o espaço divino. Com uma corda feita por anões, os Deuses conseguiram enganá-lo e convencer-lhe, através da promessa de Tyr, que colocou sua mão na boca do lobo como garantia, a ficar quieto para ser amarrado. O lobo foi finalmente preso e levado para as regiões infernais, trazendo, no entanto, a mão de Tyr consigo.

Este mito mostra que o perjúrio, mesmo cometido pelo mais justo dos Deuses, constitui uma transgressão; o sacrifício da mão de Tyr, no entanto, é um sacrifício por um bem comum e altruísta, por isto, os nórdicos juravam em seu nome, realizavam sacrifícios sangrentos em sua consideração para obter vitória nas batalhas e traziam as cabeças dos inimigos mortos para lhe serem ofertadas.

Também lhe eram ofertadas as espadas dos guerreiros; o juramento feito em nome de Tyr é um juramento inquebrável, sob o risco de atrair a própria justiça do Deus.

Quanto aos Deuses Frey, Freiya e Mimir, conta-se que havia dois panteões de Deuses e Deusas entre os nórdicos. Os Vanir, que eram divindades relacionadas à Terra e à agricultura, à fertilidade e à fecundidade. E os Aesir, divindades tipicamente celestes, ligadas à ordem, à magia e à lei.

Nos tempos mais remotos, os Vanir e os Aesir entraram em uma guerra sem fim para saber qual dos dois grupos teria por direito a soberania e a guarda da humanidade. Por fim, os dois grupos resolveram suas questões através de um armistício, onde a Deusa Freiya, o Deus Frey e o Deus Njord foram entregues aos Aesir e o Deus Mimir, aos Vanir.

Este último Deus era considerado o Deus da sabedoria, porém, Ele nunca a compartilhava com os demais Deuses. Irritados com este fato, os Vanir cortaram-lhe a cabeça, que, através de feitiços e encantamentos com ervas realizados por Odin, foi levada ainda animada a uma fonte que brotava das raízes de Yggdrasil, a Árvore da Vida, que veio a se tornar a fonte da sabedoria do Deus Mimir, da qual Odin bebe e sacrifica um olho, para que este fique permanentemente lá, tendo acesso aos registros universais.

É característica da mitologia nórdica o fato de os Deuses não serem imortais. Eles gozavam de uma vida longa, graças aos frutos encantados da Deusa Idunna, mas se feridos podiam perecer. No mais, Odin, o Pai de Todos, é um Deus que conquistou gradativamente seus poderes em sua trajetória, não nasceu todo poderoso, como os Deuses das outras mitologias. Seu conhecimento sobre magia veio inicialmente através da troca feita pelo armistício da Deusa Freiya, que lhe ensinou sobre esta questão.

A troca entre os reféns Vanir e Aesir é claramente uma troca entre poderes opostos, porém complementares. De um lado, os Deuses da fertilidade, que pouco se importavam com questões morais; do outro, os Deuses da ordem, do espírito e da razão. É natural que os Deuses destes dois panteões tenham brigado entre si no início dos tempos, pois um representa o aspecto feminino, nutriz, fertilizador da terra. O outro, os Céus, a luz celeste, a ordem, o aspecto masculino da natureza. É natural também que ambos tenham percebido, após brigas intermináveis, que os dois grupos seriam mais ricos através de um acordo de paz e da troca entre "reféns" que ensinaram uns aos outros, o que lhes faltava. Assim, tanto os Deuses Vanir quanto os Aesir compartilhavam a guarda pela humanidade e recebiam dos humanos suas preces, rituais e sacrifícios.

Caos e Cosmos nos ritos sacrificiais: quem são os seres primordiais que dão origem ao mundo?

Como já colocado, os mitos possuem um caráter exemplar. A Cosmogonia, modelo supremo da plenitude e do transbordamento do poder dos Deuses, é o exemplo máximo da Criação, que marca o início da existência do Cosmos, da ordem e do universo estruturado. É o início da diferenciação que põe fim à relatividade caótica primordial.

A experiência do sagrado trata justamente das possibilidades de manifestações divinas, dos seus riscos e responsabilidades, pois a experiência sagrada máxima é a experiência da Criação. Diferente das sociedades atuais, que, segundo Eliade (2001), focam-se apenas nas responsabilidades de ordem moral, social ou histórica, o ser humano que experimenta os mitos de forma viva conhece também a responsabilidade perante o plano cósmico, a única responsabilidade que lhe é importante verdadeiramente. Através dela é que ele cria seu mundo, sua casa, assegura a vida das plantas e dos animais.

O ser humano que vive guiado pelos modelos mitológicos sente uma profunda nostalgia dos Tempos Primordiais, pois no começo os seres divinos estavam ativos sobre a Terra.

> A nostalgia das "origens" equivale, pois, a uma nostalgia religiosa. O homem deseja reencontrar a presença ativa dos deuses, deseja igualmente viver no Mundo recente, puro e "forte", tal qual saíra das mãos do Criador. É a nostalgia da *perfeição dos primórdios* que explica em grande parte o retorno periódico *in illo tempore*. Em termos cristãos, poder-se-ia dizer que se trata de uma "nostalgia do Paraíso", embora, ao nível das culturas primitivas, o contexto religioso e ideológico seja totalmente diferente do contexto judaísmo-cristianismo. Mas o Tempo mítico que o homem se esforça por reatualizar periodicamente é um Tempo santificado pela presença divina, e pode-se dizer que o desejo de viver na *presença divina* e num *mundo perfeito* (porque recém-nascido) corresponde à nostalgia de uma situação paradisíaca. (Eliade, 2001, p. 82)

Através da reconstrução ritualística do Cosmos, do espaço sagrado e da reatualização do Tempo Primordial, cria-se por correspondência um microcosmos. Como toda a criação dentro da explicação mítica tem por modelo a criação Cósmica original, através de tudo aquilo que foi criado pode-se viver a experiência do sagrado, com uma lógica parecida à ideia de fractal da física, onde uma forma geométrica total é subdivida em partes semelhantes à forma total de modo infinito em escala ascendente e descendente.

O Cosmos, forma total da criação, é recriado infinitamente em escalas menores, pelas pessoas que se orientam através do pensamento mítico. Toda hierofania é uma imagem, um símbolo, representante ao mesmo tempo de um poder imaterial, divino e de uma natureza material, dada pela própria existência do objeto em que o sagrado se manifesta.

Quando voltamos à etimologia da palavra **sacrifício**, *fazer sagrado*, tornar sagrado, verifica-se que: 1) Para tornar algo sagrado, é preciso que o objeto sacrificial passe a assemelhar-se ao Cosmos. O ato sacrificial é um ato que vem a garantir a ordem das coisas e do Mundo. 2) A vitória do Cosmos sobre o Caos é simbolicamente vivenciada por um ser humano ou por uma comunidade. O sacrifício representa sempre o processo de espiritualização, a vitória dos dons espirituais sobre os aspectos terrenos e materiais. 3) O ato sacrificial é, essencialmente, uma forma de comunicação, de troca e de intercâmbio entre os poderes divinos e a esfera humana, onde uma transferência energética entre o mundo espiritual e o mundo material ocorre. Quanto mais valoroso o objeto do sacrifício, maior ou "de melhor qualidade" é a energia recebida. 4) O sacrifício é, portanto, a representação de uma busca por equilíbrio.

Muitos atos sacrificiais na Antiguidade têm por objetivo a compensação de um pecado, de uma transgressão ou falta cometida pela humanidade contra os Deuses, ou ainda, como prova do reconhecimento humano do poder divino (como no caso clássico em que Abraão aceita sacrificar Isaac, seu único filho, para demonstrar sua devoção por Deus); o sacrifício representa uma busca por um "acerto de contas" na balança cósmica, a busca diante da reatualização do modelo divino diante do distanciamento deste (pecado, falta), o que levaria as pessoas e o Mundo de volta ao Caos, ou ainda quando se quer fundar uma nova Ordem, como no caso em que, a partir da linhagem de Abraão, há uma transformação no modo como o ser humano passa a interagir com Deus; é renovada a aliança da humanidade com a divindade.

Os sacrifícios também podem ser realizados para demonstrar gratidão diante daquilo que é recebido. Todo começo e recomeço segue o modelo divino. Nas narrativas mitológicas de vários povos, encontramos um Ser ancestral primordial de forças imensas, como o Gigante ou o Dragão Primordial. Do sacrifício deste ser é gerada uma nova vida e ordem.

Os gigantes são, não obstante, reconhecidos como os seres que personificam as forças brutais, selvagens e caóticas da natureza, ctônicos, possuem, em muitos casos, origens telúricas e aquáticas. São também, não obstante, representantes de uma imensa materialidade e sua derrota no início dos tempos é um símbolo da evolução e da espiritualização crescentes, do triunfo da ordem sobre o Caos.

Estão presentes desde o início dos tempos e, apesar de serem assassinados ou aprisionados pelos Deuses, são em muitos casos, também, seus antepassados, guardando com eles alguma relação de parentesco. Zeus é filho de Cronos; Odin é filho de Bestla e Bor, por exemplo. Um outro fato que é importante destacar é o fenômeno da androginia entre esses seres enormes e primordiais.

No geral, alguns mitos cosmogônicos iniciam-se primeiramente falando do Caos, do Abismo Insondável, das Águas Primordiais, donde surge um primeiro Ser, que marca o início da diferenciação caótica. Deste primeiro Ser surgem outros novos seres que, igualmente ao Ser primordial, ainda não encontram-se totalmente "destacados" do Caos primordial.

São seres enormes, que personificam aspectos inalienáveis da natureza ou leis e princípios do Universo, como o Céu, a Terra (Geia, Gaia, a Matéria), o Dia, a Noite, o Oceano, ou as Águas Primordiais, o Éter, Éros, como princípio universal de atração e sua contraparte, seu irmão Anteros, o princípio de repulsão.

O Céu e a Terra simbolizam o aspecto primordial feminino e masculino geradores do universo, mas é importante deixar claro que, neste primeiro momento, **não estão separados**, por isso, tanto o Céu como a Terra, a Noite, o Oceano ou, ainda, os seres primordiais recém-saídos do Caos no geral são seres capazes de criar e gerar vidas sozinhos, isto é, são andróginos.

Junito Brandão explica que "Geia, sem o concurso de nenhum deus, gerou Urano (Céu), Montes e Pontos (Mar). Aliás, como Grande Mãe, uma das características de Geia é a partenogênese" (Brandão, 2010, p. 201), isto é, a reprodução através de um óvulo não fecundado por um macho. Embora encontremos a partenogênese naturalmente em algumas espécies animais, como a abelha e em alguns vegetais, é também possível, artificialmente, provocá-la entre várias outras espécies, incluindo os mamíferos, mas o mais importante é notar que a ideia da partenogênese possibilita a esses primeiros seres, por serem macho e fêmea, gerar sozinhos uma infinidade de outros seres.

No símbolo do andrógino, encontramos o conceito de unidade entre os opostos, masculino e feminino, que são aspectos das múltiplas oposições existentes no mundo: o positivo e o negativo, o dia e a noite, o frio e o quente, o Céu e a Terra, etc. Encontramos seres andróginos no início de toda Cosmogonia e em seu final escatológico. Nos começos e fins, quando se está saindo do Caos ou retornando a Este, as coisas encontram-se num estado de pouca diferenciação. As oposições tornam-se confusas.

O andrógino é, primeiramente, o símbolo da unidade primordial entre todas as oposições, símbolo da totalidade presente nos começos e fins dos tempos. Mas é também o advento da diferenciação, da separação entre os sexos, da polarização e da divisão entre as coisas do Mundo que passam a ser, através da sexualidade, macho ou fêmea.

A multiplicidade de Deuses e Deusas primordiais andróginos é praticamente infinita, como afirma Chevalier e Gheerbrant em seu Dicionário de Símbolos, pois "[...] toda divindade – e as antigas teogonias gregas provam isso abundantemente – é bisssexual e, por esse motivo, não tem necessidade de um companheiro para se reproduzir" (Chevalier; Gheerbrant, 1988, p. 52). Sozinha, por exemplo, a Noite gera o Destino, a Parca Negra, a Morte, o Sono, os Sonhos, Momo, a Miséria, as Hespérides, as Parcas, Nêmesis, a Fraude, a Concupiscência, a Velhice e a Discórdia.

Com a geração de seus filhos, no entanto, Urano e Geia são separados. A castração de Cronos não apenas tirou do pai sua virilidade, mas separou-o de Geia, a mãe. "A castração de Urano põe fim a uma longa e ininterrupta procriação, de resto inútil, uma vez que o pai devolvia os recém-nascidos ao ventre materno" (Brandão, 2010, p. 209). Dá-se, então, a divisão dos sexos, o processo de diferenciação, a perda da unidade total inicial e que passa, através do hierogamos, ao casamento sagrado, como algo que deve ser reconquistado.

A união primordial de Geia e Urano é denominada como uma hierogamia, *hieros*, como já foi colocado, quer dizer "sagrado" e *ga-*

mos quer dizer "união", "matrimônio", portanto, o termo denomina um casamento ou união sagrada. Da união de Geia e Urano surgem os Titás e as Titânidas, os Ciclopes e os Hecatonquiros. Do sangue da castração realizada por Cronos, filho caçula de Urano, caído sobre Geia, foram geradas as Erínias, os Gigantes e as Ninfas Mélias ou Melíades. Do seu testículo lançado ao mar, nasceu Afrodite, a Deusa do Amor e da Beleza.

A união sagrada entre o Céu e a Terra passa a ser o modelo de toda união entre macho e fêmea, visto que não apenas é a primeira união entre as polaridades opostas, mas também porque o Céu é a representação máxima do sagrado masculino e a Terra, a representação máxima do sagrado feminino.

É interessante notar que de um estado inicial caótico, indiferenciado, surgem seres que representam a unidade. Uma vez que estão recém-saídos do Caos, apresentam ainda poucos traços de diferenciação. Através da relação com os seus filhos, dá-se um processo de separação, que é representada na forma sexual que os seres virão a assumir, como machos ou fêmeas. A perda deste estado inicial, no entanto, provoca o início de um processo de volta, onde o estado andrógino original deve ser reconquistado. "Toda oposição é levada a abolir-se pela união que realiza o homem, do celeste e do terrestre, cuja força deve se exercer sobre o cosmo em sua totalidade" (Chevalier; Gheerbrant, 1988, p. 53).

Na mitologia grega, como já foi apontado, os gigantes são filhos de Geia impregnada com o sangue de Urano. Mas, da união dela e de Urano previamente, surgiram os Titãs e Titânidas. Estes seres representam as forças brutais da Terra os quais Zeus combate. "Ambiciosos, revoltados e indomáveis, adversários tenazes do espírito consciente, patenteado em Zeus, não simbolizam apenas as forças brutas da natureza, mas, lutando contra o espírito, exprimem a oposição à espiritualização harmonizante (sic)" (Brandão, 2010, p. 207).

Zeus não combateu apenas os Titãs, mas também os Ciclopes, os Gigantes e os Hecatonquiros, isto é, todos os seres que, para efeitos práticos, possuíam aspectos gigantescos: uma enorme massa corporal, uma força e energia descomunais e grandes dimensões físicas. Zeus vem da terceira geração desde o início do processo de diferenciação do Caos e personifica a ordem e a espiritualização, visto que as gerações anteriores de seu pai, Cronos e de seu avô, Urano, eram ainda caóticas, selvagens, brutais e andróginas, isto é, quase que inimagináveis para a mente humana.

Do mesmo modo, na mitologia nórdica, há três tipos de gigantes. De acordo com Mirella Faur (2007), *Risi* é o termo utilizado para os habitantes pré-históricos nórdicos, de grandes proporções. Eram bonitos e benevolentes e podiam casar-se com humanos. *Etins* ou *Jötnar*, plural de *Jotunn*, eram seres de dimensões variáveis, alguns enormes, como o gigante Ymir, outros pequenos, porém viviam durante muitos anos e, por isso, eram bastante sábios, possuíam força incomum e eram "neutros". Os Deuses Odin e Thor escolhiam suas amantes entre os *Jötnar*. As gigantas eram conhecidas por sua beleza e jamais eram maltratadas. *Thursar*, por sua vez, é o termo que designava o terceiro grupo de seres gigantescos, esses, sim, representantes de forças inconscientes brutais e antagônicas às forças conscientes. Não eram considerados maus, mas somente antagonistas, forças contrárias. Manifestavam-se como gigantes do gelo ou do fogo, os dois elementos primordiais nórdicos e habitavam Muspelheim ou Niflheim.

A mitologia nórdica é conhecida pela narrativa das lutas incansáveis dos Deuses contra os gigantes, sendo Thor o mais famoso combatente destes seres. Porém, o casamento ou a união entre Deuses e gigantas era algo comum, além de que, como na mitologia grega, uma infinidade de Deuses como Odin e seus irmãos, Vili e Vé, Tyr, Loki e Heimdall, dentre outros, eram descendentes de gigantes.

As histórias cosmogônicas nórdicas contam que havia um Abismo Primordial denominado Ginungagap. Depois de muitas e muitas eras, surgiram duas regiões primordiais, uma situada ao sul, chamada Muspelheim, a região do Fogo e a outra ao norte, dominada pelo frio, chamada Niflheim. Novamente após muito tempo, essas duas regiões se aproximaram e se encontraram no meio de Ginungagap.

Da fricção entre os opostos, o potencial criativo de Ginungagap foi liberado e dois seres primordiais surgiram: a Vaca Cósmica Audhumbla e o gigante Ymir. Este se alimentou do leite da Vaca e esta, por sua vez, também com fome, lambeu o sal presente no gelo, do qual foi formado um ser sobrenatural com feições humanas chamado Buri. Ymir caiu no sono e começou a suar por causa do calor de Muspelheim. Do suor de suas axilas nasceram uma moça e um rapaz e de suas virilhas, um gigante com seis cabeças chamado Thrudgelmir. De Buri foi gerado Bor e Bestla, que, como já foi dito, são os progenitores de Odin e de Trudgelmir foi gerado Bergelmir, que se tornou o progenitor dos gigantes do gelo. É interessante tomar nota que a Vaca Audhumbla, Ymir, Buri e Thrudgelmir eram seres andróginos, capazes de gerar sem necessitar de outros seres.

Desde os tempos primordiais, os descendentes de Buri e Thrudgelmir brigaram entre si, mas foi Odin, Vili e Vé que deram fim a esta guerra primordial com a morte do gigante Ymir. Do corpo do gigante, Odin, Vili e Vé moldaram o Mundo. Sua imensa massa corporal foi utilizada como matéria da qual a própria Terra foi constituída. Do sangue e do suor do gigante foi formado o oceano que rodeia Midgard, a Terra; de seus ossos, foram feitas as colinas e montanhas, de seus dentes, rochedos, de seus cabelos, as árvores e a vegetação, do crânio do gigante, a abóboda celeste e de seu cérebro salpicado no céu, as nuvens.

Claramente, portanto, há a repetição de um estado primordial caótico, o surgimento de seres gigantescos primordiais andróginos, novas gerações de seres descendentes dos seres primordiais, que, após uma longa briga, gera, no caso dos gregos, o encerramento dos seres gigantescos primordiais no Tártaro e, no caso nórdico, a morte de Ymir, que implica na criação do Mundo e na separação das regiões que compõem o Cosmos nórdico, afastando as regiões onde habitam os gigantes da Terra (Midgard) e, por fim, no estabelecimento da ordem e da vitória sobre as forças caóticas primordiais.

Na mitologia védica, Purusha, o Ser Gigantesco primordial, após Aeons de Tempo nasce de um Ovo Cósmico que boiava sobre as Águas Primordiais. Sozinho, ele decide dar início à criação do

Mundo e sacrifica seu próprio corpo para gerar as coisas existentes. Dividindo-se primeiramente em dois, uma parte do gigante formou a Terra e a outra, os Deuses e o universo. De sua boca gerou Brahma, dos seus olhos o Sol, da sua mente a Lua. Ele tornou-se tudo o que é e se decidir juntar-se novamente o universo acabará.

Os panteões irlandeses foram formados a partir de constantes invasões da Irlanda, onde uma série de seres sobrenaturais, dentre eles os Fomori, descritos como seres gigantescos, de origem divina, porém caóticos e violentos, representa transformações e evoluções da mitologia irlandesa. Os Fomoris foram derrotados pelos Tuatha de Danan, donde provém a maior parte dos Deuses irlandeses que temos conhecimento atualmente.

Na mitologia mesopotâmica, o estado caótico original é personificado por Tiamat, as águas salgadas e Apsu, as águas doces. Da mistura entre as duas águas surgem as primeiras divindades, dentre eles Ea, que assassina Apsu, consorte de Tiamat. Esta, buscando vingança, transforma-se em um Dragão e inicia uma guerra contra Ea. Marduk, que, assim como Cronos e Zeus, é o filho caçula de um "titã", mostra-se corajoso na briga contra o Dragão e promete matá-la caso lhe seja concedida a soberania.

Os Deuses aceitam e Marduk cumpre o que prometeu, matando e esquartejando Tiamat, criando de seu corpo o Mundo. Primeiramente ele dividiu o corpo do Dragão em dois, construindo com uma metade o Céu e com a outra metade a Terra. Com a saliva de Tiamat, Marduk fez as nuvens, a espuma dos oceanos, o vento úmido e a chuva. Instruiu o Sol e a Lua, em sua jornada cíclica, criou as plantas, os animais e, em seguida, o homem.

As narrativas exemplares do assassinato do Gigante ou Dragão, Ser primordial, recém-saído do Caos, podem ser encontradas, enfim, por toda parte. De acordo com Mircea Eliade (2001):

> [...] o Dragão é a figura exemplar do monstro marinho, da Serpente primordial, símbolo das Águas cósmicas, das trevas, da Noite e da Morte – numa palavra, do amorfo e do virtual, de tudo o que ainda não tem uma "forma". O

Dragão teve de ser vencido e esquartejado pelo Deus para que o Cosmos pudesse vir à luz. Foi do corpo do monstro marinho Tiamat que Marduk deu forma ao mundo. Jeová criou o universo depois da vitória contra o monstro primordial, Rahab. Mas, como veremos, essa vitória sobre o Dragão deve ser repetida simbolicamente todos os anos, pois todos os anos o mundo deve ser criado de novo. Da mesma maneira, a vitória do deus contra as forças das Trevas, da Morte e do Caos repete-se a cada vitória da cidade contra os invasores. (Eliade, 2001, p. 47)

Em suma, portanto, o Dragão ou Gigante primordial são identificados com o estado amorfo característico do Caos e tornam-se uma imagem deste. Para gerar um Mundo é preciso, inicialmente, uma enorme quantidade de matéria que é obtida pelos Deuses, ou pelo Deus que personificará a ordem, Zeus, Odin, Marduk, dentre outros, através do esquartejamento do Gigante, ou Dragão.

A ação de esquartejar é uma ação de divisão entre as partes corporais de um ser, isto é, o esquartejamento representa a separação, o processo de diferenciação que dá início ao Mundo ordenado.

Por fim, através da morte sangrenta, é transferida a potência anímica e vital do Ser primordial ao Cosmos: o sangue de Ymir se transformou no Oceano gelado; a primeira ação de Marduk foi abrir a cabeça de Tiamat e cortar-lhe as artérias para que seu sangue fluísse por toda a Terra. O sangue é universalmente considerado o veículo da vida, como nos informa Chevalier e Gheerbrant (1988) e, quando derramado sobre a Terra, é capaz de fertilizá-la. É também através do sangue que é possível a comunhão; ele forma um contraponto com o sopro, correspondente ao espírito, ao passo que o sangue, associado ao corpo, representa a matéria. É do sopro e do sangue que a potência criativa dos Deuses é demonstrada. Portanto, a morte sangrenta do Ser primordial, que será repetida nos sacrifícios, aponta para o poder do símbolo do sangue e a transferência dos princípios vitais e fertilizantes que ele representa.

Considerações finais

O sacrifício simboliza a vitória da Ordem sobre o Caos, o processo de espiritualização e desenvolvimento frente às adversidades dos aspectos brutais, selvagens e caóticos da natureza. Simboliza também a transferência energética e a ativação da potência anímica e vital de um objeto ou corpo, que se transforma em veículo para a hierofania e a abertura para um processo de expansão.

Ele é fruto do desejo do ser humano arcaico, ou dos povos que experimentaram o mito de forma viva, de estar sempre em comunhão com o aspecto sagrado do Cosmos, modelo por excelência do fazer e das possibilidades de experimentação da vida.

Talvez seja difícil inicialmente, para o não religioso, entender o sentido do sacrifício, isto é, a razão pela qual o religioso entrega de bom grado os melhores indivíduos de sua sociedade, os objetos mais valiosos, os animais mais saudáveis à aparente destruição ou à "inutilidade", visto que, uma vez sacrificado, o objeto não poderá jamais ser tocado.

O religioso vive num Cosmos sagrado, pleno e real. Ele assume uma responsabilidade perante esse Cosmos e interage com ele de modo a buscar sempre participar desta realidade. O religioso deseja profundamente participar do Ser, tendendo a viver o mais próximo possível do sagrado ou dos objetos sagrados.

Para aqueles que se orientam a partir de uma religião, o Espaço, o Tempo, a Natureza, o trabalho, as festas, a vida humana, as funções vitais, enfim, tudo que possui sua existência no Cosmos, é sagrado. A natureza nunca é totalmente natural ou, melhor dizendo, é dada a existência de um aspecto sobrenatural a tudo aquilo que é **também** natural.

> O leitor não tardará a dar-se conta de que o sagrado e o profano constituem duas modalidades de ser no Mundo, duas situações existenciais assumidas pelo homem ao longo da sua história. Esses modos de ser no Mundo não interessam unicamente à história das religiões ou à sociolo-

gia, não constituem apenas o objeto de estudos históricos, sociológicos, etnológicos. Em última instância, os modos de ser sagrado e profano dependem das diferentes posições que o homem conquistou no Cosmos e, conseqüentemente, interessam não só ao filósofo mas também a todo investigador desejoso de conhecer as dimensões possíveis da existência humana. (Eliade, 2001, p. 20)

Ao analisar os símbolos, as narrativas e as entidades míticas apresentadas, que têm por tema central de suas histórias o sacrifício, buscamos evidenciar os mecanismos através dos quais os seres humanos se relacionam com o divino dentro de uma forma de pensar mítica e religiosa. Apesar do contraste com as formas de pensamentos das sociedades atuais, que veem o sacrifício com estranhamento, a análise deste tema nos leva à compreensão das motivações das civilizações do passado, em sua busca por comunhão.

Referências

BARROS, M. N. A. de. **As Deusas, as Bruxas e a Igreja** – séculos de perseguição. Rio de Janeiro: Rosa dos Tempos, 2001.

BECKER, U. **Dicionário de símbolos**. Coleção Dicionários. São Paulo: Paulus, 1999.

BLAVATSKY, H. P. **A Doutrina Secreta**. v. 2. São Paulo: Pensamento, 1973.

BRANDÃO, J. de S. **Mitologia Grega**. Petrópolis-RJ: Vozes, 2010.

CHEVALIER, J.; GHEERBRANT, A. **Dicionário de Símbolos**. Tradução de Vera da Costa e Silva. Rio de Janeiro: José Olympio, 1988.

COMMELIN, P. **Mitologia Grega e Romana**. São Paulo: Martins Fontes, 1993.

ELIADE, M. **Imagens e Símbolos**. São Paulo: Martins Fontes, 2012.

_____. **Mefistófeles e o Andrógino**. São Paulo: Martins Fontes, 1999.

_____. **Mito e Realidade**. São Paulo: Perspectiva, 2011a.

_____. **O Sagrado e o Profano**. São Paulo: Martins Fontes, 2001b.

FAUR, M. **Mistérios Nórdicos**: deuses, runas magia, rituais. São Paulo: Pensamento, 2007.

FREUD, S. **O Mal estar na Civilização Moderna**. São Paulo: Abril Cultural, 1978.

_____. **Totem e Tabu**. Rio de Janeiro: Imago Editora Ltda, Volume XIII.

FRUTIGER, A. **Sinais e Símbolos** – Desenho Projeto e Significado. São Paulo: Matins Fontes, 1999.

GUERIOS, R. F. M. **Dicionário de etimologias da língua portuguesa**. São Paulo: Nacional, 1979.

HOHENDORFF, J. V.; KOLLER, S. H.; COUTO, M. C. P. de P. (orgs.). **Manual de Produção Científica**. Porto Alegre: Penso, 2014.

JUNG, C. G. **O Eu e o Inconsciente**. 4. ed. Petrópolis-RJ: Vozes, 1984.

LEEMING, D. **Do Olimpo a Camelot**: um Panorama da Mitologia Européia. Rio de Janeiro: Jorge Zahar Editor, 2004.

MENDES, P. V. **A sedução que a magia de Harry Potter exerce na contemporaneidade**. São Paulo: Editora Annablume, 2008.

TRESIDDER, J. **O Grande Livro dos Símbolos**. Tradução de Ricardo Inojosa. Rio de Janeiro: Ediouro, 2003.

Capítulo 9
O DESANINHADOR DE PÁSSAROS[1]

Juscineyla Moreira Bonfim

O tabu do incesto é um assunto que há muito tempo traz discussões acaloradas aos mais diversos teóricos, tanto da psicologia quanto da antropologia e de outras áreas afins. Em *Totem e Tabu* (1999), Freud traz a proibição do incesto como fundamental para a passagem de uma horda primeva para uma sociedade cultural e, com isso, dá ênfase à universalidade do complexo de Édipo. Malinowski, ao estudar uma sociedade matrilinear da ilha Trobriand, refuta a universalidade do complexo de Édipo proposta por Freud ao indagar-se sobre "saber se os conflitos, paixões e ligações no interior da família variam com a constituição desta ou se permanecem iguais em toda a humanidade" (Malinowski, 1973, p. 19). Ainda Claude Lévi-Strauss afirma que a proibição do incesto não é puramente de origem cultural nem natural e consiste na passagem fundamental da natureza à cultura (Lévi-Strauss, 1982, p. 62). No intuito de observarmos formas diversas de apresentação do complexo edipiano e do tabu do incesto, debruçamo-nos sobre a análise simbólica de um mito pertencente a uma sociedade matrilinear. Escolhemos a "Ária do desaninhador de pássaros", um mito dos índios bororos do Brasil Central, na análise do qual aproximamos o arcabouço teórico da psicologia analítica junguiana, desvendando assim uma ampliação da postura clássica freudiana que estimamos valer a pena ponderar.

Lévi-Strauss (1991) destaca, a partir desse mito, a indiferença dos bororos em relação ao incesto, já que a ideia de culpa do herói não fica evidenciada. Para a psicanálise, o sentimento de culpa sur-

---
1. Trabalho realizado sob orientação do Prof. PhD. Carlos Velázquez, coordenador do Movimento Investigativo Transdisciplinar do Homem – MITHO, Universidade de Fortaleza (Unifor).

ge junto com o superego como herdeiro do complexo de Édipo e da castração, tendo um caráter fundamental para o surgimento da cultura e da subjetividade do sujeito. Freud (1999) considera inevitável o sentimento de culpa e de mal-estar em qualquer organização social. Jung, pelo contrário, desliteralizou o desejo de incesto enquanto imagem fixa em uma mãe real e o interpretou de forma simbólica enquanto imagem da mãe portadora de diversas significações, tanto cosmológicas, antropológicas, quanto psicológicas. Os desejos incestuosos, representantes simbólicos de um retorno a um estado original paradisíaco ao útero do inconsciente, seriam então sacrificados em função de uma maturidade psicológica através de mecanismos internos e não somente através de exigências exteriores, como no caso da ameaça de castração. Através da simbólica do incesto apresentar-se-ia uma possibilidade de renovação.

O desenvolvimento humano é descrito por Jung (2006) através de um processo chamado Individuação. Esse processo tem como principal objetivo a realização do Si-mesmo ou Self, a totalidade do ser onde corpo e psique, consciente e inconsciente estão integrados. Essa busca pela inteireza do Self através do processo descrito como Individuação é instintiva e natural a todas as pessoas, embora possa ser obstruída em certas condições. Essa inteireza é alcançada através da integração de todas as partes da personalidade, incluindo as reprimidas e as inacessíveis à consciência. O inconsciente é a matriz criadora do consciente, nossa consciência pessoal é erguida sobre o inconsciente coletivo, uma camada impessoal da alma comum a todos, de onde brota o material arquetípico que consiste em imagens simbólicas, o material pelo qual são formados os mitos. Os conteúdos inconscientes não são passíveis de contato, só podemos acessar o que se manifesta na consciência. O único canal de ligação com o inconsciente é o símbolo, que faz o papel de ponte entre as duas instâncias consciente/inconsciente, que, por si só, formam um conjunto que se autorregula. A consciência é um processo dirigido a uma finalidade, então uma das formas naturais de manutenção do seu funcionamento é expurgar do seu campo aquilo que não é o foco do momento. Todos esses conteúdos dos quais a consciência não toma conhecimento se estabeleceriam em um nível inconsciente da psique, essa é a concepção freudiana, mas Jung vai muito além quando demonstra que o inconsciente não é somente o expurgo da consciência, um depósito de conteúdos reprimidos. A psicologia analítica considera que a consciência é formada a partir de uma matriz inconsciente, nessa instância estariam os conteúdos coletivos de toda a humanidade, um inconsciente coletivo formado por conteúdos que nunca estiveram na consciência, mas que têm possibilidade de se manifestar. Jung considera esses conteúdos coletivos como arquétipos, e dá a seguinte definição:

> [...] tipos arcaicos – ou melhor – primordiais, isto é, de imagens universais que existiram desde os tempos mais remotos... O arquétipo representa essencialmente um conteúdo inconsciente, o qual se modifica através de sua conscientização e percepção, assumindo matizes que variam de acordo com a consciência individual na qual se manifesta. (2008, p. 16-17)

Dessa forma, o inconsciente alcança um status positivo e construtivo, além de seu sentido reducionista e negativo. No inconsciente também se encontrariam potencialidades ainda não manifestas, partes da totalidade da psique que tenderiam a se manifestar quando consteladas por meio das vivências de mundo dos sujeitos.

Partindo da indagação de como se apresentaria o complexo de Édipo e o tabu do incesto em diferentes sociedades, principalmente nas matrilineares, realizamos um estudo que tem como objetivo analisar simbolicamente uma narrativa mitológica de uma sociedade matrilinear e, através desta análise de base bibliográfica, discutir a questão da universalidade do tabu do incesto e as diferenças entre o complexo de Édipo freudiano e a forma como Jung vê a problemática deste mesmo complexo. A narrativa escolhida foi "Ária do desaninhador de pássaros", um mito dos índios bororos do Brasil Central estudado por Claude Lévi-Strauss no livro *O Cru e o Cozido – Mitológicas I*.

Os bororos, segundo Portocarrero (2001), são indígenas pertencentes ao troco linguístico macro-jê que habitam o estado do Mato Grosso. Bororo, na realidade, na própria língua da tribo, o boe wadáru, significa pátio da aldeia, eles se autodenominam Boe, que pode ser traduzido por gente, ser humano. A origem dos Boe parece ser bastante remota, com vestígios datando do período Holoceno, estima-se que em 1.500 a população bororo era de 16 mil índios, enquanto hoje não passam de 2 mil. As aldeias são tradicionalmente construídas em formato circular e compostas por oito casas coletivas ao redor de um pátio, em cujo centro se encontra a casa dos homens (Baito), que divide a aldeia no sentido Leste/Oeste em duas metades exógamas, Ecerác ao norte e Tugarége ao sul. É sobre essa divisão que está assentada toda a ordem de igualdade e complementaridade dos Boe, a sua cosmologia reproduz-se na planta de sua aldeia. Ao norte, as quatro casas Ecerác correspondem respectivamente aos clãs: baadojeba xobugiwuge, chefes do alto; bokodori, tatu-canastra; kie, anta; baadojeba xebegiwuge, chefes do baixo. Ao sul, as quatro casas dos Tugarége são os clãs: iwagudu, gralha azul; aroroe, larva; apiborege, palmeira acuri; paiwe ou paiwoe, bugios. Cada clã possui três subclãs e outras linhagens. A espacialidade da aldeia é vital para esse povo, cada clã ocupa um lugar imutável. Sendo regida pela matrilinearidade, toda criança pertence ao clã de sua mãe e mesmo o homem bororo, ao se casar, passa a morar na casa da mãe de sua mulher. Quando solteiro, mora na casa dos homens, o Baito, lugar que representa a esfera política, jurídica e ritual da aldeia. Como são exógamos, cada metade só pode se casar com membros da outra, daí a importância de um lugar determinado para cada clã. No entanto, na casa dos homens, um lugar onde as mulheres não podem entrar, o marido continua a ocupar o espaço destinado ao seu clã e à sua metade.

O mito do "Desaninhador de pássaros" tem como ponto de partida a realização de um incesto entre mãe e filho e pode ser resumido da seguinte maneira: Um filho comete incesto com a mãe e é descoberto pelo pai, este, com o intuito de vingar-se, manda o filho realizar provas dificílimas que provavelmente o levariam à morte. Em umas das provas o filho é enviado ao reino aquático das almas para buscar maracás, em outra teria a incumbência de capturar filhotes de araras em ninhos sobre os rochedos, mas em todas as provas, sempre sob proteção da avó, o garoto consegue se sair bem. Abandonado pelo pai no alto dos rochedos, o filho atrai urubus que comem as suas nádegas devido às lagartixas que tinha caçado e prendido ao seu corpo. Com a ajuda dos urubus desce o penhasco, então refaz as nádegas com tubérculos e sai em busca do seu povo. Ao encontrar a avó, toma a forma de lagartixa até que resolve se revelar em sua verdadeira forma para ela e o irmão mais novo. Então ocorre uma tempestade que apaga todos os fogos da aldeia, menos o da avó e todos vão até lá pedir brasas. O pai fica sabendo do retorno do filho e o recebe como se nada tivesse acontecido, mas o herói pensa em vingança e, em uma caçada com o pai, recebendo ajuda do irmão, transforma-se em cervo e mata o pai. Depois volta à aldeia e mata as esposas do pai, inclusive a mãe. Vai embora com a avó para um lugar longínquo e belo voltando somente para punir os índios com vento, frio e chuva.

A narrativa refere-se há tempos muito antigos, que por si só já caracterizam um tempo mítico, em que as mulheres foram à floresta colher folhas para confeccionar o bá, estojos penianos que os adolescentes passam a utilizar no ritual de iniciação para a vida adulta. Uma delas é seguida e violentada pelo filho, este se chama Geriguiguiatugo, que, dentre outras traduções, significaria constelação do corvo, segundo Lévi-Strauss (1991). O herói do mito, ainda sob a mesma referência, também pode ser chamado de Toribugo, tori seria pedra, tori bugu seria masculino e feminino, feito pedra. No rito de iniciação, o menino se destaca da sociedade das mulheres e entra na dos homens, a partir daí durante toda a vida ele usará o bá (ovo, testículo), estojo peniano.

O incesto é uma transgressão da norma vigente, de um tabu. O herói recusa a iniciação a cometer o ato incestuoso, dessa forma insiste em continuar sua relação com o mundo feminino, provocando a ira do pai. Seguir a mãe até a floresta, o mundo da natureza primordial, e adentrar através do incesto nos segredos femininos, no útero da criação, é transgredir a ordem cultural imposta através dos ritos de iniciação dos jovens, por meio dos quais assumem um lugar no mundo dos homens. Ao recusar a iniciação, o sujeito assume o status de criança, cuja função mitológica, segundo Jung (2011), é expressar um futuro em potencial, o surgimento de algo novo. Jung (2007) considera a imagem do incesto entre mãe e filho como o símbolo de um retorno ao útero, uma descida da consciência ao inconsciente. Sendo uma violação de tabu, este ato seria punido com morte, um sacrifício do herói que ao final seria coroado com uma regeneração. O complexo simbolismo da *coniunctionis*, união dos opostos, tratado por Jung em seu livro *Mysterium coniunctionis* (1985), penetra na questão do complexo edipiano ao tratar sobre o simbolismo alquímico do casamento entre a mãe Beia e seu filho Gabrício, considerando que o incesto simbolizaria um retorno à Prima Materia, um processo transformador seguido de morte e renascimento. Desde a Antiguidade, filósofos como Heráclito discutem o que seria a Prima Materia, matéria única e original. Consideravam que essa matéria original, durante a criação, teria se decomposto nos quatro elementos, dois grupos contrários: terra e ar, fogo e água. Jung considerava o simbolismo alquímico como produto da psique inconsciente. Em termos psicológicos, o quaternio dos elementos corresponderia à criação do ego a partir da diferenciação das quatro funções: pensamento, sentimento, sensação e intuição. Na alquimia, qualquer substância a ser transformada precisaria antes retornar ao seu estado original indiferenciado, o mesmo procedimento seria necessário em transformações de cunho psíquico por meio dos quais aspectos rígidos da personalidade retornariam a uma condição original indiferenciada, uma volta ao material original do inconsciente, útero da criação, que possibilitaria a atualização da personalidade.

    Cheio de ira, o pai lança o filho em uma jornada à morada aquática das almas em busca do grande maracá de dança, do pequeno maracá das almas e do chocalho. O herói realiza uma descida ao mundo dos mortos, submundo cheio de perigos onde poderá encontrar tesouros difíceis de serem alcançados. Eliade (1998), tratando do Xamanismo, fala que os maracás são artefatos usados nos rituais com o intuito de invocar os espíritos, possibilitando um elo entre o mundo dos vivos e dos mortos.

O mundo das almas dos bororos é considerado uma morada aquática, devido ao destino final dado aos mortos da aldeia. Os ritos funerários podem durar até três meses entre a morte da pessoa e o enterro definitivo de seus ossos. Por ser uma cerimônia de grande complexidade que por si só mereceria um vasto estudo, limito-me a citá-la resumidamente: durante os funerais, são evocados os antepassados e os heróis culturais, também é o momento em que os jovens são iniciados efetivamente na vida adulta com todas as regras e valores sociais. Nesse momento, a sociedade dos vivos e dos mortos se congrega. O morto, primeiramente, é enterrado em uma cova rasa no pátio central da aldeia. A cova é diariamente regada para acelerar o processo de decomposição do corpo, que só depois terá seus ossos lavados, ornamentados, colocados em um grande cesto e assim depositados em uma baía, a morada aquática das almas.

Descidas ao submundo são comuns nas mitologias do mundo; na grega, podemos tomar como exemplo a descida de Orfeu em busca de Eurídice. É preciso atravessar o rio Estige na barca de Caronte para se chegar ao Hades, reino dos mortos, a água do rio seria a fronteira que separa o outro mundo. Para Jung, a água é o símbolo do inconsciente, o útero onde o ego é gerado. A água é o solvente universal, voltar à Prima Materia é dissolver o ego para dar lugar a uma nova forma regenerada, em algumas religiões, mergulhar na água é nascer de novo, purificar-se e regenerar-se.

O jovem herói, ao ser designado para realizar três tarefas tão perigosas, consulta a avó, que o aconselha a pedir ajuda aos animais. O colibri ajuda-o a conquistar o grande maracá de dança, o juriti ajuda-o com o pequeno maracá das almas e o gafanhoto se encarrega do chocalho. Assim o herói consegue realizar todas as tarefas frustrando os planos do pai.

Eliade (1998) diz que, em tribos xamânicas, a figura da avó aparece como a mãe do mundo. Espíritos femininos protetores que doariam aos xamãs os espíritos auxiliares que lhes ajudaram em suas viagens extáticas pelo mundo dos espíritos. Esses espíritos auxiliares geralmente se apresentam em forma de animais, assim, o xamã conquista a habilidade de se transformar em animal, ou seja, de participar do modo de ser dos animais por meio da reabilitação de uma ligação instintual que existia nos primórdios, onde a ruptura homem e natureza ainda não tinha sido consumada. Assumem, então, uma participação nos segredos da natureza. Em tribos de índios americanos, geralmente o auxílio benigno é dado pela mulher-aranha, representada por uma avó que vive debaixo da terra. Nestas culturas, como nas anteriormente citadas, os rituais de morte e ressurreição são comuns, com suas descidas aos infernos e morte por despedaçamento.

O pai do herói bororo não desiste e convida o filho para capturar filhotes de arara nos ninhos das encostas dos rochedos. Para alcançar os ninhos, o pai manda o filho subir por uma vara comprida. Quando o filho alcança os ninhos, o pai retira a vara. O herói só não cai porque consegue enfiar o bastão mágico dado pela avó em uma fenda, ficando pendurado. Feito isto, avista um cipó ao seu alcance e sobe até o topo da chapada. Mais uma vez, o pai atenta contra a vida do filho ao retirar a vara que o sustenta para que ele pereça e não complete a tarefa. O herói só consegue prosseguir devido ao bastão doado pela avó, que passa a exercer o papel de sustento que antes era da vara paterna. Fica pendurado até avistar o cipó, elemento da própria natureza, que auxilia na sua escalada, servindo de ligação entre a terra e o céu.

Os bororos acreditam poder reencarnar em araras, por isso não as machucam. São consideradas sagradas e caçá-las é uma grande façanha. Os filhotes são pegos nos ninhos para depois terem suas penas retiradas para uso decorativo e ritual. A arara é um símbolo de ascensão, tanto por ser capaz de voar, quanto pela sua cor vermelha, que remete ao aspecto solar.

A ascensão ao céu por um cipó, corda ou árvore é um motivo mítico muito difundido. Eliade (1998), ao se referir às técnicas xamânicas, fala da comunicação entre as regiões cósmicas e diz que estas são possíveis devido ao fato de a estrutura do universo ser concebida em três níveis – céu, terra e inferno – interligados por um eixo central. Seria por este centro sagrado que os xamãs subiriam aos céus e desceriam aos infernos. Imagens como montanhas, árvores e escadas fazem parte do simbolismo de ascensão cósmica através do centro. No mito bororo, a ascensão pelo cipó até o topo da montanha significa uma ruptura de nível cósmico, uma iniciação nos poderes celestes. Outro exemplo seria a crucificação de Cristo no monte Gólgota, que depois possibilita sua ressurreição e ascensão ao céu.

No alto da chapada, o herói fabrica um arco e flechas para caçar lagartixas e se alimentar, algumas ele amarra na cintura e nas faixas dos braços e tornozelos. As lagartixas apodrecem e o herói desmaia devido ao cheiro de podridão. Os urubus são atraídos pela podridão devorando as lagartixas e as nádegas do herói, que acorda devido à dor de ser devorado. Saciados, os urubus salvam o herói suspendendo-o pelos braços e pernas com o bico e voando com ele até depositá-lo ao sopé da chapada.

A lagartixa é um pequeno réptil, uma de suas marcas é a habilidade de regeneração, quando se sentem em perigo se livram da própria cauda, já que esta cresce novamente. Semelhante à cobra, é um animal que rasteja pela terra, guardando assim as características que lhe conferem um simbolismo ctônico. Como animal ctônico, pode simbolizar a psique instintiva que precisa ser morta para se libertar dos estágios primitivos e renascer.

Na mitologia indígena sul-americana, os urubus são considerados os senhores do fogo. Os apapocuvas contam que seu herói cultural fingiu-se de morto, atraindo os urubus, que acenderam uma fogueira para cozinhá-lo, porém, como não estava morto afugentou os urubus e se apossou do fogo, que foi entregue aos homens. Segundo Eliade (1998), um futuro pajé bororo passeando pela mata tem a visão de um pássaro que desaparece ao alcance de sua mão, revoadas de papagaios também voam em sua direção e desaparecem, quando este retorna assustado para a aldeia, do seu corpo emana um cheiro de podridão, então desaba como morto e os espíritos começam a falar por sua boca. Como um pajé, o herói do mito, por meio da podridão, sofre uma mortificação que atrai os urubus que lhe mutilam. Suas nádegas são devoradas, da mesma forma que a lagartixa, ele perde seu rabo para depois refazê-lo, assimilando essa habilidade. Edinger (1995) diz que a marca da mortificação é a cor negra, o urubu e o corvo são pássaros negros e ambos devoram carniça, exercem a função de transmutadores daquilo que está morto. Essa capacidade de transmutação é que faz com que os urubus também exerçam o aspecto de salvadores e tragam o herói de volta ao plano terrestre.

O herói tem a impressão de acordar de um longo sono. Com fome, tenta se alimentar, mas percebe que não retém os alimentos por não possuir fundos. Lembrando-se de um conto da avó, reconstrói o traseiro com uma pasta de tubérculos amassados, recobrando sua integridade física. A necessidade aqui é de dar corpo ao espírito, uma coagulação no tempo e espaço do plano terrestre, tornar-se um vaso, um receptáculo. Tubérculos desenvolvem-se abaixo da superfície do solo, mantendo estreita relação com a terra, daí ser o instrumento pelo qual o herói constrói seu fundamento. "Uma imagem primordial só toma forma quando é preenchida com o material da experiência consciente", afirma Edinger (1995).

A antiga aldeia foi abandonada e o herói erra por muito tempo até encontrar o rastro da avó. Temeroso de se mostrar, transforma-se em lagartixa até que resolve se revelar para a avó e o irmão caçula, porém, antes de chegar lá, se transforma sucessivamente em quatro pássaros e uma borboleta. A borboleta é um símbolo, por excelência, de transformação.

Na mesma noite em que o herói se revela, uma tempestade atinge a aldeia, apagando todos os fogos, exceto o da avó, junto ao qual o herói se encontrava. Na manhã seguinte, todos vão lá pedir brasas, inclusive a segunda mulher de seu pai, quem o reconhece e conta sobre sua volta. O pai age como se nada tivesse acontecido, pega um maracá para saudar o filho com o canto dos viajantes que retornam. O Herói, durante a sua jornada, adquiriu poderes sobre os quatro elementos. Ao se revelar, trouxe o vento e a chuva, isto é, ar e água. Por meio das raízes terrestres, reconstruiu o receptáculo, a morada onde o fogo divino pode habitar. Tornou-se um detentor do fogo como mostra o mito, pois a única morada em que o fogo não foi extinto foi aquela em que ele se encontrava.

Apesar de ser bem recebido pelo pai, o filho quer vingança. Um dia, na floresta, o herói quebra um galho de uma árvore ramificada como chifres, então pede ao irmão que chame o pai para uma caçada. Quando localiza o pai na floresta, o herói coloca os chifres, transformando-se em veado, investe assim contra ele, atravessando--o com os chifres. Joga seu corpo em um lago para ser devorado pelos peixes canibais. Da vítima só restam os ossos no fundo do lago e os pulmões na superfície boiando como plantas aquáticas. Ao voltar para a aldeia, mata sua mãe e todas as esposas de seu pai, depois vai embora com a avó, só voltando para punir a aldeia com o vento, o frio e a chuva. A destruição da aldeia, o próprio universo dos Boe, figura como uma dissolução do macrocosmo. O dilúvio é símbolo de destruição e regeneração, o mundo degenerado deve ser destruído para depois ser renovado.

Na mitologia celta, o Deus Cernunnus, senhor da natureza selvagem, era representado com cabeça de veado, símbolo de abundância e agilidade. Na Idade Média, o veado estava associado à autorrenovação, devido à sua capacidade de trocar os chifres. Foi muito associado ao Cristo por ser considerado um animal símbolo da renovação cíclica, da morte e ressurreição.

O pai tornou-se um tirano assassino quando sentiu sua autoridade desafiada. Tentou eliminar o filho transgressor na tentativa de conservar a situação vigente. No entanto, o herói mitológico que ressurge da morte tem o potencial de abalar todas as configurações e cristalizações do momento. A sua volta refuta as pretensões do pai tirano. O velho deve morrer para dar lugar ao novo. O herói é o portador da mudança e, por meio da morte do pai, liberta as energias vitais que alimentarão o universo. O sacrifício do pai, morto e jogado no lago para os peixes espíritos canibais, também é uma transfiguração, seus restos dão origem a plantas aquáticas, as folhas em forma de pulmão emergem das profundezas do lago onde se encontram os ossos. Lembra a flor de lótus símbolo do potencial criador que emerge das profundezas da água. Freud criou o mito da horda primeva que assassina o pai. O sentimento de culpa decorrente da morte do pai formaria uma consciência tribal, dando origem a uma sociedade totêmica marcada com o tabu do incesto. Esta situação é bastante divergente do mito do desaninhador de pássaros, onde o herói é isento da culpa de incesto e de assassinato. A punição recai sobre o pai por ele ser um tirano cego pela manutenção da ordem vigente. Campbell (2007) considera que cultos totêmicos, tribais, raciais e agressivamente messiânicos apresentam uma solução parcial do problema psicológico da substituição do ódio pelo amor. Na verdade, através dos ritos o indivíduo é iniciado no campo social por meio da ampliação do ego e não de sua dissolução. O indivíduo dedica-se à sua sociedade, mas o resto do mundo é deixado de fora da sua esfera de simpatia. O que está para além da zona protegida pelo social é visto como perigoso, um lugar da projeção dos perigos inconscientes. Quem se arrisca fora dos muros da tradição e atravessa o limiar do desconhecido depara-se com os segredos do inconsciente capazes de abrir um novo campo de experiência. Os perigos psicológicos pelos quais passaram os nossos antepassados ressurgem como uma trilha simbólica a ser atravessada. O grande problema contemporâneo é que os auxiliares simbólicos, utilizados por nossos antepassados, foram relegados ao descrédito em favor de uma racionalidade extremada. Essa racionalidade é focada na vontade do ego e durante séculos vem expurgando outros componentes inerentes ao ser humano, como o instinto.

Focar-se no complexo edipiano da maneira como a psicanálise faz, atribuindo-lhe a importância de núcleo formador da estrutura psíquica, bem como na sua dissolução através da castração, onde é instaurada a lei do pai, parece reforçar justamente o lugar de tirania do pai que tenta manter sua autoridade a todo custo. O amor pela mãe e o ódio ao pai são introjetados devido à ameaça de castração, mas acontece que o poder libidinal e simbólico do incesto e do parricídio se voltam, por meio da projeção contra o indivíduo e o próprio corpo social. Ao contrário dessa situação, Jung entende o desejo incestuoso enquanto imagem simbólica de um retorno ao útero da criação, não só como desejo sexual pela mãe. Esse retorno ao inconsciente criador seria uma forma de dissolver e transmutar as imagens infantis do passado pessoal, livrando-se de sentimentalidades e ressentimentos do que é bom ou mau conforme conveniências humanas, abrindo-se para uma nova modalidade de existência. Com a morte das imagens parentais, o herói se desfaz de autoridades projetadas em favor de uma autoridade interior. Em termos psicológicos, poderíamos dizer que o herói realiza uma comunhão dos opostos consciente e inconsciente; masculino e feminino, conectando-se ao si-mesmo.

Referências

CAMPBELL, J. **O Herói de mil faces**. São Paulo: Pensamento, 2007.

EDINGER, E. F. **Anatomia da psique**. São Paulo: Cultrix, 1995.

ELIADE, M. **O xamanismo e as técnicas arcaicas do êxtase**. São Paulo: Martins Fontes, 1998.

FREUD, S. **Totem e tabu**. Rio de Janeiro: Imago, 1999.

JUNG, C. G.; KERÉNYI, K. **A criança divina**: Uma introdução à essência da mitologia. Petrópolis-RJ: Vozes, 2011.

JUNG, C. G. **Os arquétipos e o inconsciente coletivo**. Rio de Janeiro: Vozes, 2008.

_____. **O desenvolvimento da personalidade**. Petrópolis-RJ: Vozes, 2006.

_____. **Psicologia e alquimia**. Petrópolis-RJ: Vozes, 2007.

_____. **Mysterium coniunctionis**. Petrópolis-RJ: Vozes, 1985.

LÉVI-STRAUSS, C. **As estruturas elementares do parentesco**. Petrópolis-RJ: Vozes, 1982.

_____. **O cru e o cozido**: Mitológicas I. São Paulo: Cosacnaify, 1991.

MALINOWSKI, B. **Sexo e repressão na sociedade selvagem**. Petrópolis-RJ: Vozes, 1973.

PORTOCARRERO, J. A. B. **Bái, a casa Bóe**: Bái, a casa Bororo: Uma história da morada dos índios Bororo. 2001. 144 f. Dissertação (Mestrado em História), Universidade Federal do Mato Grosso, UiabÁ. Disponível em: <https://goo.gl/zAtd6X>. Acesso em: 9 out. 2014.

Capítulo 10
MERIDA: A RUPTURA DE UM ABRAÇO CONSTRITOR

Carlos Velázquez

"[...] dizem que nosso destino está ligado à terra como parte de nós, pois somos parte dela" (Andrews; Chapman, 2012)

A consciência da sociedade moderna fundamenta-se na crença no progresso. Uma perspectiva linear a despeito de anteriores cosmologias circulares, cíclicas. Mas, em que momento e em que conjuntura teria a sociedade ocidental realizado tal guinada? Alguns pesquisadores identificam em Carlos Magno uma síntese do racionalismo romano e o espírito celto-germânico e, por isso, apontam-no como emblema do nascimento da era moderna. Haveria, no entanto, em consonância com o pensamento de Loyer (1993), necessidade de considerar que a consolidação deste personagem tem por antecedente o sincretismo de cosmologias orientais, mediterrâneas, celtas e germânicas, sob domínio, também sincrético, do hedonismo helênico, do pragmatismo etrusco e do progressismo romano. Tratava-se de uma enorme colcha de retalhos que sobreviveu à queda de Roma, pois estava costurada com os fios espirituais do cristianismo, sem o qual não teria sido possível o coroamento de Carlos Magno como Imperador do Sacro Império Romano.

Segundo Barros (2001), o cristianismo, apresentado como religião messiânica, religião do filho, parecia ser capaz de prescindir dos pais, isto é, "abandonar o tempo circular, que se volta sobre si, e adotar o tempo linear, aquele que é capaz de apontar um princípio, um meio e um fim, logo, uma evolução" (Barros, 2001, p. 143). No entanto, desde a expansão clandestina do cristianismo primitivo, até a oficialização dos cristianismos ortodoxo e católico, a presença de Maria, mãe do Cristo, mostrou-se problemática para esse absolutismo messiânico.

No imaginário medieval, Jesus, liberto do corpo, reina no paraíso, um lugar onde os "bem aventurados" esperam a ressurreição. No entanto, o lugar de Deus pai está situado "no extremo topo dos céus, acima do empíreo, o qual se encontra a uma altitude a que mesmo os anjos e a Virgem não têm acesso" (Delumeau, 2003, p. 57). Um Pai inaccessível não disputa a adoração devotada ao filho, mas este não era o caso da Grande Mãe. Maria, *Mater Dei*, envolta em seu manto azul celeste estrelado, "é terra coberta pelo céu [...] é *matrix*, receptáculo" (Jung, 1990, p. 76), portanto, mãe accessível, presente, carinhosa e protetora.

Nas religiões pagãs, o arquétipo da Grande Mãe condensa a cíclica da eterna morte e renascimento cósmicos. É organicidade supraordenada, natureza generosa e protetora, mas igualmente ciumenta de suas leis. As mães Danan, Deméter, Isthar, Isis, Ilana, Cibele ou Astarté, por citar alguns exemplos, correspondem-se na multifacetada concepção, proteção e transcendência da vida humana terrena. As imagens da mãe, da jovem divina e da velha sábia são faces que integram a trindade feminina da *anima mundi*. "Todos os três aspectos – o caráter da deusa mãe, o da deusa do cereal e o da deusa de um conhecimento secreto – faziam parte da figura de Deméter; nenhum dos três seria descartável", diz Kerenyi (Jung; Kerényi, 2011, p. 169). Ora, na expectativa dos pagãos cristianizados, estes atributos caberiam a Maria, mãe e mulher de Deus.

O culto mariano ortodoxo e a posterior aceitação de Maria no magistério católico, no século V, foram medidas incontornáveis para que a religião do filho pudesse ter livre curso. Contudo, Maria foi oficializada a despeito de seus atributos ativos. "Era tão nítida a aceitação de Maria com as mesmas características da Deusa que, no século IV, foi proibido aos fiéis tratar a Virgem como se ela fosse a Deusa pagã" (Barros, 2001, p. 156-157). Passou-se a louvar exclusivamente a maternidade divina e a virgindade perpétua de Maria. O mistério da concepção, esse "âmbito caótico em que o estado amorfo do mundo original se conserva como mundo dos infernos" (Jung; Kerényi, 2011, p. 165), foi omisso; da mesma forma que o erotismo sedutor da prostituta sagrada, o instrumento lunar de transformação espiritual, a luz refletida que guia o iniciado pela escuridão do "saber sem palavras". Em suma, passou-se a cultuar uma mãe passiva, vigilante e subserviente da almejada linearidade mal justificada na religião do filho.

Na contemporaneidade ocidental, e na ocidentalizada, essas medidas medievais não carecem de consequências. Diz Carl Gustav Jung: "Parece que nossa consciência se volta principalmente para fora (em consonância com a alma ocidental), deixando as coisas interiores mergulhadas na obscuridade" (Jung, 1990b, p. 74). A função paterna é externa. O diz sua convexidade sexual e o confirma a observação de sociedades animais, incluso humanas tidas como primitivas, onde os machos devotam-se à caça, à colheita e à proteção do grupo. Enquanto que a função materna, como atesta sua concavidade sexual, volta-se para dentro. O problema consiste em que a mãe ocidental contemporânea não é, de acordo com o desenvolvimento de seus filhos, destituída de seu papel protetor. Como falei anteriormente, é a sempre virgem Maria que acolhe e protege. Ela não se transforma, como nas religiões pagãs, na mulher sedutora que atrai e conduz a energia psíquica pelos mistérios do inconsciente; não assume o aterrorizante ser ctônico que, por oposição, destrói a consciência primitiva, autocentrada e pueril, e a obriga a renascer integrada na *Anima Mundi*.

> A primeira portadora da imagem da alma é sempre a mãe; [...] separar-se dela é um assunto tão delicado como importante, e da maior significação pedagógica. [...] O homem moderno civilizado terá que sentir forçosamente a falta desta medida educacional que, a pesar de seu primitivismo, é excelente. A consequência desta lacuna é que a anima, sob a forma de imago materna, é transferida para a mulher. Depois do casamento, é comum o homem tornar-se infantil, sentimental, dependente e mesmo subserviente; em outros casos, torna-se tirânico, hipersensível, constantemente preocupado com o prestígio de sua masculinidade superior. (Jung, 1990b, p. 73)

Entre a face da terra e o sol no firmamento

A cultura celta, formada por tribos indo-germânicas, estendeu sua influência pela quase totalidade do continente europeu, até a dominação romana por volta do ano 50 a.c., e sua mitologia serviu de base para a realização do filme *Valente*, de Brenda Chapman, coproduzido por Walt Disney e Pixar Animation Studios em 2012. A escolha é emblemática, pois a cristianização da cultura celta foi um ponto estratégico fundamental para o progressismo romano.

Como cultura pagã, a ritualística celta mantinha muito presente o caráter tríplice da Grande Deusa Mãe. Danan, a Deusa terra, desdobrava-se em seus aspectos de criação, manutenção e destruição cíclica da vida nas imagens de Morrigan, Brigid e Cerridwen, respectivamente.

Brigid, a portadora do fogo, isto é, a mãe que nos concebe na cultura, no despertar consciente, protege os filhos terrenos pelas dádivas da arte e da ciência, e é este o papel que corresponde à rainha Elinor na narrativa do filme. A rainha, como a Maria cristã, acolhe os filhos e os protege na modelagem para a manutenção de uma perspectiva linear de sucessão cultural. Mas protege-os ao ponto de asfixiar suas individualidades em prol do modelo estabelecido: "Toda minha vida é planejada para o dia em que eu me torne minha mãe. Ela é responsável por cada dia da minha vida" (Andrews; Chapman, 2012), lamenta a filha.

Em contrapartida, usando a expressão de Martin (2011), Merida, a princesa, é uma "beijada pelo fogo". Beijada pelo fogo porque ostenta uma abundante cabeleira vermelha que alegoriza o poder transformador do fogo. Ela é a Jovem Divina (Jung; Kerényi, 2011). É o fogo da consciência, o fogo que alimenta as artes de Brigid, mas que não se contenta com sua condição infernal; quer sair da caverna e encontrar seu lugar entre a face da terra e o sol no firmamento.

Morrigan é comumente apontada como a deusa celta da guerra e tende-se a reduzi-la a uma deidade temperamental e sanguinária. Mas a guerra mitológica não é a guerra humana de ganância e destruição; é uma guerra interna, espiritual. "É a manifestação defensiva da vida" (Chevalier; Gheerbrant, 2001, p. 481). Assim, Merida é uma guerreira que se debate internamente pela vida.

Morrigan é tríplice com suas irmãs Badb e Macha; Merida é tríplice na sua arma predileta. "O tiro com arco resume exemplarmente a estrutura da ordem ternária, tanto por seus elementos constituintes – arco, corda, flecha – como pelas faces de sua manifestação: tensão, distensão, arremesso" (Chevalier; Gheerbrant, 2001, p. 74). Enquanto mulher ativa, guerreira com arco e flecha, a princesa investe o simbolismo sexual de canalizadora (Jung, 2002, p. 30-43), de arremessadora de flechas, é dizer, direcionadora do elemento penetrante que abre para fecundar. É a prostituta sagrada que conduz a energia vital terrena para a sua iluminação, para o abraço cósmico que realiza a *coincidentia oppositorum*, a inteireza que a psicologia analítica idealiza como individuação (Eliade, 1999, p. 77-129). Vale lembrar a cena do filme em que a protagonista, sentada na terra ao pôr do sol, devota seu arco ao céu, entalhando nele o simbolismo estilizado de um falcão (Andrews; Chapman, 2012).

Por sinal, o cavalo de Merida chama-se Angus, que para os celtas é a divindade do amor, para os gregos, Eros. A jovem divina monta a energia erótica, a libido, e a conduz para a enteléquia, a realização ultima da potência do si mesmo.

A beijada pelo fogo age passionalmente sob a intuição de que alguma coisa deve mudar, mas sem, portanto, conseguir clarificar os elementos nem as vias da mudança. Na magnífica cena da competição pela sua mão (Andrews; Chapman, 2012), Merida estende sua fúria para o arco, humilhando os pretendentes com a precisão, largamente superior, de suas flechas. Na minha opinião, a tensão da cena não é dada pela afronta aos clãs presentes, assunto sobre o qual voltaremos, mas pela quebra proposital da proteção materna. A heroína interna-se na floresta depois de desconhecer a autoridade da rainha sobre ela. De acordo com Campbell (1988), ela estaria abandonando a segurança do eu para aventurar-se no inconsciente. Cavalgando Angus, a princesa tomba no interior do círculo de pedras que demarca um clarão no meio da floresta. Um descampado no qual o animal recusa-se a entrar. Isto é bastante significativo, pois o cavalo não é um ser consciente, portanto rejeita o lugar vazio da autoridade paterna. Lembremos que, segundo Freud (1996), o despertar à vida consciente decorreria do assassínio coletivo do pai ancestral, um pecado original que pede perdão mediante a adoração da impreenchível vaga deixada pela onipotência paterna, um totem, um clarão que procura restabelecer as boas relações com o pai que, como falamos anteriormente, tornou-se inacessível instalado no terceiro céu, acima do empíreo.

Em todo caso, a partir do vazio paterno, Merida é guiada por pequenas luzes azuis até os domínios da maga, a bruxa da floresta. Segundo Victor D. Salis ([s.d.]), a maga possui o secreto da fermentação do espírito, isto é, do seu crescimento e das transformações correlatas e colaterais que isto implica. Obviamente estamos diante da terceira imagem da Grande Mãe, aquela que Kerenyi chamou de Deusa de um conhecimento secreto, como referi anteriormente. Cerridwem, a velha sábia celta que tudo transforma a partir de seus preparos em Amen, seu caldeirão, apresenta-se à intrusa como carpinteira, em uma clara alusão a seu poder de transformação. Ela transforma a madeira em ursos, o que tampouco pode passar despercebido.

A pedido da princesa, Cerridwen produz um doce que irá transformar a rainha em urso. Uma das formas de veneração da Deusa mãe, entre os celtas, é o urso (Wood, 2011, p. 24), ao igual que em outras culturas, tal como o atesta Jung: "Muitas vezes tanto a figura da Core como a da mãe, resvalam para o reino animal, cujo representante favorito é o gato, a serpente, **o urso**, o monstro negro subterrâneo como o crocodilo, ou seres da espécie da salamandra e do sáurio" (Jung; Kerényi, 2011, p. 229).

Ora, para mudar o destino, não é Merida quem deve ser transformada em urso, mas sua mãe. É a ela que devem ser retribuídos seus atributos ativos; é ela quem, como animal, deve restabelecer o contato com a natureza da terra, com sua própria natureza profunda. "Quero um feitiço que mude minha mãe. Isso mudará meu destino" (Andrews; Chapman, 2012), solicitou Merida à bruxa da floresta.

A rainha Elinor investia-se de tal forma na persona, no externo, que seu *animus*, seu inconsciente compensatório, tomou a forma de um amontoado masculino infantil, sentimental, inconsequente e autoafirmativo. "O animus não se apresenta como *uma* pessoa, mas como uma *pluralidade* de pessoas. [...] O animus parece uma assembleia de pais e outras autoridades, que formula opiniões incontestáveis e 'racionais', *ex cathedra*" (Jung, 1990b, p. 83). Mas as determinações da assembleia masculina formada pela reunião dos clãs Macintosh, MacGuffin e Dingmall, recepcionados pelos Dun Broch, não são mais que fracas projeções compensatórias do ego dominante da rainha. Assim, como mencionei anteriormente, as tensões provocadas entre os clãs pela insurreição da princesa me parecem secundárias; a dinâmica da narrativa repousa no relacionamento entre duas faces da trindade terrena: a mãe protetora e a jovem divina.

Por outro lado, com a transformação da mãe, o *animus* da heroína também se transforma em três pequenos ursos, seus irmãos, os três diabinhos Hamish, Hubert e Harris. Jung observa que "Numerosas crianças representam um produto da dissolução da personalidade. Se a pluralidade, porém, ocorre em pessoas normais, então trata-se da representação de uma síntese da personalidade ainda incompleta" (Jung; Kerényi, 2011, p. 128). E é justamente esta incompletude que confere a Merida a fúria libidinal da guerreira da transformação.

Na tradição celta, a maga Cerridwen tem um ajudante cego, Mordan, quem cuida do fogo. No filme, Mor'du é o primogênito de quatro descendentes do pai ancestral que provoca, por orgulho cego, o desequilíbrio que acabou por desmoronar a estabilidade do reinado paterno. Trata-se aqui do mito universal do roubo do fogo: o herói ancestral que, comovido pela vulnerabilidade dos hominídeos proto-humanos, rouba uma faísca do fogo criador de Deus, propiciando, pela entrega do butim, a humanidade pensante. Humanidade cultural, pois, sendo incapaz de adaptar-se, transforma, pela inteligência roubada, o meio ao seu favor.

Mor'du é cego de orgulho, pois, a faísca, apesar de ínfima perante o fogo da inteligência divina, enquanto capacidade de representação, cria uma poderosa ilusão autocentrada de domínio do entorno. É a *maya* indiana, a ilusão cósmica que não por acaso Freud chamou de Ego.

Evidentemente, este herói ancestral é um opositor à vontade de Deus, transgressor que, em fuga, é escondido, protegido pelo útero da mãe terra. Anansi, entre os índios americanos, foi escondido por uma árvore oca; o Maui oceânico numa caverna, como certamente o *maya* indiano corresponde às sombras que os acorrentados acreditam ser a realidade no fundo da caverna platônica, o mesmo lugar onde o primeiro acorrentado foi o transgressor Prometeu.

É impossível resistir à analogia da imagem de uma caverna em chamas fundada por um condenado celeste com o inferno de Lúcifer. "O fogo 'nasce' das trevas ou da matéria opaca como de uma matriz ctoniana e rasteja como serpente" (Eliade, 1999, p. 91), porque, efetivamente, falamos do anjo caído por oposição a Deus.

> Em Gerardus Dorneus se encontra também a ideia das figuras circulares que se entrecortam e se estorvam mutuamente: a saber, o sistema circular da Trindade, de um lado, e do outro, a tentativa diabólica de chegar a um sistema próprio. Assim se diz: [...] que o diabo fabricou para si mesmo algo semelhante ao compasso, e com ele tentou desenhar um sistema circular, mas falhou [...], e só conseguiu finalmente a [...] figura de uma serpente dupla com quatro chifres e, por conseguinte, o domínio de uma monomaquia de um reino dividido contra si mesmo. (De Duello em Jung, 1999, p. 74-75)

Entregar à humanidade uma faísca do fogo divino equivale a incitar o consumo de um dos frutos da árvore da sabedoria, com sua consequente expulsão do paraíso.

Mor'du, enquanto portador do fogo ilícito, espírito egoístico, foi superado pelo espírito fermentado (aumentado) da velha sábia. Limita-se a assistente cego, submisso. No entanto, para uma personalidade em formação, ainda é o animal terrível que se debate prisioneiro na caverna.

Eis novamente o ponto central desta análise: a caverna é o útero da mãe terra, mãe protetora do seu filho transgressor, mas para que haja qualquer desenvolvimento, essa mãe precisa liberar seu filho egoísta. Precisa libertar da sua proteção, de seu abraço que se torna constritor, o espírito em estado primitivo, a consciência autocentrada estimulada a expandir-se em prol de sua individuação. Merida é conduzida pelas luzes azuis até a caverna onde Mor'du se encontra preso e basta sua presença para que o grande urso saia da caverna em sua perseguição, no entanto, o espírito atormentado ainda vaga preso ao feitiço tornado permanente pela sua escolha ególatra (Andrews; Chapman, 2012). Mas não há volta, o demônio foi agitado e precisa de uma resolução.

Sob o olhar do pai, no círculo de pedras, finalmente a mãe ursa deverá enfrentar o inevitável: reconciliada com seus atributos instintivos, mas sem dispensar o engenho e a premeditação, Elinor-Ursa deve matar a forma feroz que aprisiona o espírito ascensional de Mor'du, fato em que reencontra sua natureza plena e do qual depende a quebra do feitiço que a vitima.

"Sina alterada, olhe sua alma, remende a união, por orgulho separada" (Andrews; Chapman, 2012) foi a orientação oracular de Cerridwen. Não acho que o orgulho tenha sido o móbil da jovem Merida, mas o da mãe que, acreditando-se de posse da verdade, nega-se a escutar possibilidades de realização que sua idealização não concebe.

A interpretação alegorizante que faz a princesa remendar o manto que representa a união da família Dun Broch não é capaz de alterar o destino. Mas a quebra do feitiço se consuma quando a luz do sol beija sua filha e mulher reintegralizada.

"Mãe! Você voltou! Você mudou. Ah, querida, nós duas mudamos" (Andrews; Chapman, 2012). A passagem da rainha Elinor pela sua natureza profunda deixou marcas: além de descobrir-se limiar do estado amorfo do mundo original que perpetramos como mundo dos infernos, abandonou seus modos e atavios castos em favor da aparência sensual de mulher atraente e disponível. É claro que Merida também mudou, sua personalidade em formação encontra agora curso aberto na procura do seu caminho intermediário nos mistérios da *coincidentia oppositorum*. "Nosso destino está dentro de nós. Você só precisa ser valente o bastante para vê-lo" (Andrews; Chapman, 2012).

Era-se uma vez um mito recalcado

Para os cristãos ortodoxos do Império Romano oriental, o Império Bizantino, a eleição de um Papa devia ser ratificada pelo imperador, ou seja, a autoridade divina recaía sobre o imperador (Janson, 2007). Dito de outra forma, o Estado tinha à cabeça a encarnação de Deus na terra. Nada muito diferente de outras antigas civilizações orientais e mediterrâneas, sociedades teocráticas nas quais Deus, encarnado ou não, era o centro da organização social em todos os seus aspectos.

A novidade apareceu no coroamento do Imperador Carlos Magno, pois, inversamente à tradição, sua legitimidade dependia do Papa. Saliento este fato porque me é particularmente significativo: Deus, por intermédio do Papa, tendo se colocado acima do Estado, iniciou um processo de dissociação que reverteu sobre o próprio desgaste enquanto símbolo central e estruturador da sociedade. Talvez muito mais que a síntese romana e celto-germânica que se ressalta em Carlos Magno seja este silencioso processo mítico-religioso o que marcou a guinada das sociedades teocráticas para a Modernidade.

Além do resgate linear e não vivencial do pensamento antigo, pois, sob comando do imperador foram transcritos os textos das bibliotecas romanas, o Sacro Império Romano trouxe a retomada e o aprimoramento de técnicas de produção da Roma áurea do passado. Não demoraram a fazer-se sentir as desavenças entre o comércio sustentado nessa produção e Deus, que paira acima do Estado. Os movimentos protestantes da Europa ocidental são sintomas claros do desgaste que a outrora base teocrática de organização social veio sofrendo perante o pensamento progressista e materialista moderno.

Não há espaço, nem é objeto neste trabalho desenvolver as minúcias deste processo, mas confio em que o leitor interessado não terá problemas em acompanhar, por outros documentos, a história do pensamento burguês. Limitar-me-ei a notar que um ponto culminante da dinâmica moderna encontra-se nos conflitos mundiais do século passado, os quais, por sua vez, secretaram a chamada Sociedade de Consumo, com as noções inerentes de Cultura de Massa e Indústria Cultural.

Interessa-me dizer que:

> As "mitologias" do homem moderno são "mitologias" privadas e não transformam uma situação particular em uma situação exemplar; suas experiências oníricas ou imaginárias, ou mesmo suas angústias, não se agregam numa concepção de mundo e não fundam um comportamento. Isto não implica dizer que o homem deixou de ter contato com os símbolos, ele continua a ser incessantemente alimentado por inúmeros símbolos através de sua atividade inconsciente.
> (Frota; Velázquez, 2007, p. 142)

O pragmatismo materialista da sociedade contemporânea tritura a integridade dos sujeitos ao reduzir suas possibilidades de realização à ostentação de bens materiais, isto de forma semelhante à rainha Elinor, quem asfixia a maturidade de sua filha na perspectiva ostentatória dos princípios que a sustentam. A alternativa consumista consiste no que Morin (1997) chama de "mitologia euforizante", uma pseudo-mitologia que cifra a realização pessoal na felicidade atingida pelo bem-estar e o conforto comprados no *shopping*. Isto repousa numa cultura do *happy end*, o inelutável final feliz que, apesar de condições francamente adversas, irromperá magicamente na vida de um herói que permaneceu alheio a qualquer transformação interna.

> O indivíduo em vias de desenraizamento em relação ao passado e que não investe nada além de sua própria vida poderia reconhecer nos heróis de filmes a imagem de sua própria condição: heróis sem passado, sem futuro além do *happy end*, e que respondem ao apelo "realize-se".
> (Morin, 1997, p. 176)

Seria inútil listar as produções de Walt Disney que exemplificam esta mitologia euforizante de Morin, o que chama minha atenção é a singularidade da proposta do filme *Valente*. "Essa mitologia euforizante implica necessariamente um recalque às mitologias tradicionais" (Frota; Velázquez, 2007, p. 145), mas, como salientei, o recalcado não é suprimido, encontra-se latente. Quem sabe se a própria indústria cultural não começa a render-se à força latente da procura de sentido, procura de realização individuada? Quem sabe se, por baixo de tanta teimosia em arrumar o mundo sob a lógica de mercado, a nossa própria natureza esteja irrompendo para uma ampla e profunda modificação de nossas formas atuais de existência? Isto me faz pensar em Mor'du: é como se ele estivesse quebrando as paredes da caverna para atingir a floresta. Se é o caso, ainda é mister matá-lo, libertar o espírito da forma vigente para que possa alçar-se a uma nova.

Ao romper a impermeabilidade da Elinor cristianizada, Merida reintegralizou o arquétipo materno na cíclica da vida eterna. A princesa guerreira não viverá feliz para sempre ao lado de seu príncipe encantado, mas abriu-lhe caminho na ruptura do abraço constritor materno.

Referências

ANDREWS, M.; CHAPMAN, B. **Valente**. USA: Disney /Pixar, 2012.

BARROS, M. N. A. de. **As deusas, as bruxas e a Igreja**: séculos de perseguição. Rio de Janeiro: Rosa dos tempos, 2001.

CAMPBELL, J. **O poder do mito. Episódio 1**: A mensagem do mito. USA: Apostrophe S. Productions, Inc. In association with Alvin H. Perlmutter, Inc., 1988.

CHEVALIER, J.; GHEERBRANT, A. **Dicionário de símbolos**. Rio de Janeiro: José Olympio, 2001.

DELUMEAU, J. **O que sobrou do paraíso?** São Paulo: Companhia das letras, 2003.

ELIADE, M. **Mefistófeles e o Andrógino**. 2. ed. São Paulo: Martins Fontes, 1999.

FROTA, L. M.; VELÁZQUEZ, C. O desmoronamento mítico e o discurso de consumo. **Revista de Humanidades**, v. 22, n. 2, p. 141-147, jul./dez. Fortaleza, 2007.

JANSON, H. W. **História geral da arte**. São Paulo: Martins Fontes, 2007.

JUNG, C. G. **O Eu e o Inconsciente**. 3. ed. Petrópolis-RJ: Vozes, 1990.

_____. **Psicologia e religião**. 6. ed. Petrópolis-RJ: Vozes, 1999.

_____. **A energia psíquica**. v. VIII. Petrópolis: Editora Vozes, 2002.

JUNG, C. G.; KERÉNYI, K. **A criança divina**: uma introdução à essência da mitologia. Petrópolis-RJ: Vozes, 2011.

LOYER, O. **Les chrétientés celtiques**. Rennes: Terre de brume, 1993.

MARTIN, G. R. R. **A tormenta de espadas** – Crônicas de Gelo e Fogo, livro três. São Paulo: Leya, 2011.

MORIN, E. **Cultura de massas no século XX**: neurose. Rio de Janeiro: Forense universitária, 1997.

SALIS, V. D. **O significado do mito e sua função na pedagogia, psicagogia e mistagogia**. Disponível em: <https://goo.gl/E2Xb3l>. Acesso em: 9 jun. 2013.

WOOD, J. **O livro celta da vida e da morte**. São Paulo: Pensamento, 2011.

SOBRE OS AUTORES

Amanda Aline Pinheiro: Bacharel em Artes Visuais pela Universidade de Fortaleza – Unifor – em 2015. Técnica de conservação e restauração de acervos bibliográficos pela Biblioteca Nacional – BN – em 2014. Técnica de Laboratório de Restauração na Universidade Federal do Ceará – UFC. Pesquisadora do Movimento Investigativo Transdisciplinar do Homem – MITHO.

Carlos Velázquez: Formado em Pedagogia Musical pela *Universidad de Guadalajara*. Mestrado e doutorado em Música Antiga pelo *Concervatoire National du Raincy*, França. Pós-Doutorado em Filosofia da Educação pela Universidade do Minho e em Estudos Culturais pela Universidade de Aveiro, ambas em Portugal. Coordenador do Movimento Investigativo Transdisciplinar do Homem – MITHO.

Denise Ramos Soares: Formada em Psicologia pela Universidade de Fortaleza – UNIFOR – CRP 11/11207. Capacitada em Psicologia Jurídica pela Universidade do Parlamento Cearense (Unipace). Pesquisadora do Movimento Investigativo Transdisciplinar do Homem – MITHO.

José Krishnamurti Costa Ferreira: Graduado em Psicologia na Universidade de Fortaleza (Unifor) – CRP 11/09608. Pesquisador do Movimento Investigativo Transdisciplinar do Homem – MITHO.

Julianna de Souza: Graduada em Psicologia na Universidade de Fortaleza (Unifor). Pesquisadora do Movimento Investigativo Transdisciplinar do Homem – MITHO.

Juscineyla Moreira Bonfim: Graduada em Psicologia pela Universidade de Fortaleza. Psicóloga clínica tendo como abordagem a Psicologia Analítica de Carl Gustav Jung – CRP 11/10029. Contadora de Histórias formada pela Escola de Narradores do Teatro José de Alencar. Pesquisadora do Movimento Investigativo Transdisciplinar do Homem – MITHO.

Nathália Vasconcelos Saraiva: Graduanda em Publicidade e Propaganda na Universidade de Fortaleza (Unifor). Pesquisadora do Movimento Investigativo Transdisciplinar do Homem – MITHO.

Paula Viana Mendes: Mestranda em Psicologia no Laboratório de Estudos sobre o Ócio, Trabalho e Tempo Livre na Universidade de Fortaleza - Unifor. Graduada em Artes Visuais (2015) e em Comunicação Social (2006) pela Unifor. Formada em desenho pela *Concept Design Academy*, em Los Angeles, e no Estúdio Daniel Brandão, em Fortaleza. Participou como pesquisadora do Movimento Investigativo Transdisciplinar do Homem – MITHO.

Rodrigo de Castro Oliveira: Psicólogo clínico. Graduado em Psicologia na Universidade de Fortaleza – Unifor. Pós-Graduando em Psicologia Junguiana pela UNICHRISTUS. Pesquisador do Movimento Investigativo Transdisciplinar do Homem – MITHO.

Vitória Régia Rocha Rodrigues: Graduanda em Publicidade e Propaganda na Universidade de Fortaleza (Unifor). Pesquisador do Movimento Investigativo Transdisciplinar do Homem – MITHO.

Título	Pensar no Mitho
Organizador	Carlos Velázquez
Assistência Editorial	Paloma Almeida
Capa	Wendel de Almeida
Projeto Gráfico	Marcio Arantes Santana de Carvalho
Assistência Gráfica	Wendel de Almeida
Preparação	Isabella Pacheco
Revisão	Márcia Santos
Formato	14 x 21 cm
Número de Páginas	144
Tipografia	Adobe Garamond Pro
Papel	Alta Alvura Alcalino 75g/m²
1ª Edição	Agosto de 2017

Caro Leitor,

Esperamos que esta obra tenha correspondido às suas expectativas.

Compartilhe conosco suas dúvidas e sugestões escrevendo para:

atendimento@editorialpaco.com.br

Conheça outros títulos em

www.pacolivros.com.br

Publique Obra Acadêmica pela Paco Editorial

Teses e dissertações
Trabalhos relevantes que representam contribuições significativas para suas áreas temáticas.

Grupos de estudo
Resultados de estudos e discussões de grupos de pesquisas de todas as áreas temáticas. Livros resultantes de eventos acadêmicos e institucionais.

Capítulo de livro
Livros organizados pela editora dos quais o pesquisador participa com a publicação de capítulos.

Saiba mais em
www.editorialpaco.com.br/publique-na-paco/

PACO EDITORIAL

Av. Carlos Salles Block, 658
Ed. Altos do Anhangabaú – 2º Andar, Sala 21
Anhangabaú - Jundiaí-SP - 13208-100
11 4521-6315 | 2449-0740
contato@editorialpaco.com.br